《百年巨匠》编委会

总 顾 问：蔡 武　胡振民　龚心瀚　王文章　胡占凡

顾　　问：靳尚谊　范迪安　王明明　吴为山　沈 鹏　苏士澍
　　　　　吕章申　尚长荣　蓝天野　濮存昕　傅庚辰　莫 言
　　　　　傅熹年　张锦秋　张保庆　顾明远　张伯礼　黄璐琦
　　　　　杜祥琬　齐 让　鲁 光

《百年巨匠·教育体育篇》编委会

学术指导：王学军　方惠坚　刘璐璐　李 祥　宋以庆
　　　　　张 健　陈洪捷　商金林　储朝晖（按姓氏笔画排序）

主　　任：袁小平　杨京岛

主　　编：陈 宏

编　　委：陈汝杰　李萍萍

统　　筹：裴永忠　梁 辉　董思远　杨 洋　王晓红　李逸辰

编 辑 组：蔡莉莉　曾 丹　金美辰　杨 珺　王慧雅　张栩彤

纪录片编导组：刘卫国　刘占国　刘立钢　孙秀峰　吴静姣　张建中
　　　　　　　贾 娟　高 天　郭 鹏　郭奎永（按姓氏笔画排序）

Century Masters

张伯苓

陈宏 曾丹 赵兴明 ◎ 编著

张伯苓 / 力争 作

惜分飞·张伯苓

菡萏马蹄湖怒放,
红染先生身像。
教育驱魍魉,
鼎新革故终生望。

渡海觅得高校样,
古卷新文同享。
学子身心壮,
星光辉映豪杰榜。

凯文 词

宣传巨匠推广大师 为时代树立标杆

蔡武

原文化部部长 《百年巨匠》总顾问

文化精品创作工程包括重大出版工程、影视精品工程。《百年巨匠》就是跨界融合的一个重大文化工程，它深具创意，立意高远，选题准确、全面，极富特色，内容精彩纷呈，内涵博大精深，基本涵盖了我国20世纪这一特定历史时期在文学艺术方面的成就及其代表人物。它讲述的不仅仅是各位巨匠的传奇人生，更是他们的文学艺术成就同民族、国家，同历史、文化，同当代世界，同20世纪风云激荡的年代，以及同人民的命运都是紧密相连的。他们的成就对整个社会产生了重要而深远的影响。因此，立足21世纪的当今，系统全面科学解读巨匠人生与大师艺术，有着特殊而积极的意义，是社会和时代的要求。

作为一个有影响力的文化品牌，《百年巨匠》的表现形式也是多样的。《百年巨匠》丛书和纪录片互动互补，是出版界与影视界的跨界合作与融合发展，形成了叠加影响和联动效应，进一步丰富和扩大了品牌的内涵和外延。在信息社会"四屏"时代，用这样的一种方式来表达重大深刻的主题，具有重大的创新意义，是对中华优秀文化传承发展进行创造性转化、创新性发展的成功探索。体现出强烈的历史感、时代性、民族性，具有鲜明的中国特色，必将产生深远的影响。

一个民族自立于世界民族之林，离不开民族的自信心与自尊心。而民族的自信心和自尊心有其思想基础和人文轨迹，即对民族文化的重要代表人物和优秀传统应当有比较全面的了解并进行广泛传播。一个国家的历史需要记录，文化艺术同样如此。《百年巨匠》丛书秉承文献性、真实性、生动性原则，客观还原大师原貌，以更为宏阔的历史维度对大师们所经历的时代给予不同视角的再现和解读，为读者开启一扇连接20世纪中国近现代文化艺术史的大门。

巨匠们的艺术成就、人生经历、精神高度，彰显了中华民族文化在这个时代所能达到的高度，不仅有文学艺术上和文化史上的价值，而且有人文思想美学上的划时代性贡献。《百年巨匠》可以增强我们的文化自信和实现中华民族伟大复兴的意志。

《百年巨匠》还有一个重要意义，它能够激励我们后来人砥砺奋进，勇攀高峰。这些文化艺术巨匠有着深厚的爱国情怀和强烈的民族责任感，他们将个人荣辱兴衰与国家、民族命运联系起来，用文化艺术去改变现实，实现理想。在新旧道德剧烈冲撞中，他们所表现出来的高风亮节是后来人的楷模。他们所传导出的强大正能量，会激励一代又一代广大读者，对促进我们整个民族新一代的教育与成长，有着非常重要的启迪意义。他们的精神是引领和鼓舞我们再出发的航标与风帆。

《百年巨匠》也给了我们很多的启示，可以帮助我们回答和破解"钱学森之问"。20世纪产生了那么多的大师，新世纪、新时期我们应该如何助推产生出新的大师？这些巨匠的成长轨迹给我们揭示了大师们成长的规律，如要深具家国情怀，要胸怀高远理想；要深深扎根于人民，与人民同呼吸共命运；既继承民族优秀传统文化，又要勇于创新；并以非常包容的心态去拥抱一切文明成果等。

《百年巨匠》仅反映了20世纪百年的文化形态和人文生态，我们应该把这个事业延续下去，面向21世纪。对艺术大师的发掘是通过他们的作品来体现的，而他们的作品既是中华文化的传承，又进一步丰富、创新了中华文化的构成。从这个意义上讲，宣传这些艺术巨匠就是弘扬中华文化。这些艺术巨匠作为中国名片，拥有较强的国际影响力，这一工程的推进，可以有效推动中华文化和中国出版走出去。不仅仅局限于艺术领域，还可以从广度上、外延上扩大至整个文化领域，甚至把科技、教育等领域的巨匠们也挖掘展示出来。

一个国家文化事业的繁荣与发展，既需要广大艺术家的努力，也需要大师巨匠的引领。宣传巨匠，推广大师，为时代树立标杆，无疑是我们责无旁贷的历史责任。巨匠之所以是巨匠，大师之所以能成为大师，是因为他们以具有强烈时代感和创新精神的作品站在了巅峰。而他们巨作的背后，是令人钦佩的工匠精神，这种工匠精神的发掘和弘扬在当下具有重要的现实意义。同时，这百年的文学艺术史已有的众多成果，从学术上也要系统总结。而长期以来一直困扰我们的一大难题，就是如何把这些重要的学术研究成果进行转化和再创造，使之成为可被大众接受、雅俗共赏的精品佳作。从这个意义上讲，《百年巨匠》丛书的出版也是非常值得赞许的。

当前，我们的文化艺术事业虽然取得了长足的进步，但是相对于时代的重任，人民的厚望，尚有作品趋势跟风、原创性匮乏、模仿严重等问题，希冀大家在《百年巨匠》作品中得到更多的启迪和感悟。

  我们国家正处在重要的历史时期，为我们文艺创作提供了丰沃的土壤和广阔的空间。中华民族的伟大复兴，呼唤一切有为的文艺工作者，为繁荣中国特色社会主义文化、建设社会主义文化强国，奉献毕生的才华和创作热情，将高度的社会责任感和历史使命感化作文艺创作的巨大动力，创作出无愧于时代、无愧于祖国和人民的优秀文艺作品，让我们这个时代的文艺创作异彩纷呈，光耀世界。

弦歌不辍 薪火相传

——《百年巨匠·教育体育篇》丛书序

袁小平

中国教育电视台台长
中国广播电视社会组织联合会副会长

如果说文明是一条奔流不息的大河，那么教育就是文明的河床。国人对教育的重视与五千年文明史相伴始终，从春秋时期的诸子百家到顾炎武、王夫之等近代学者，教育先贤们构筑起中国古代独具特色的思想教育体系，在一次次选择和传承中，对社会和文化发展产生了深远影响。

教育不仅在选择和传递文化，同时也在创造和更新文化。近代以来，中国的教育家群体一直面临两个不容回避的问题：一是如何适应世界教育发展趋势，服务于"教育救国"需要，建立近代意义上的教育体系；二是如何保持教育的民族性，建立中国化的现代教育体系。

面对时代赋予的重任，蔡元培、张伯苓、陶行知、蒋南翔、吴玉章、马约翰、叶圣陶等教育大家各抒己见，创造出中国近现代教育一个百家争鸣的开端：蔡元培的"思想自由、兼容并包"、张伯苓的"允公允能，日新月异"、陶行知的"生活即教育，教育即生活"、黄炎培的"大职业教育主义"、蒋南翔的"为祖国健康工作五十年"……

　　这些主张有的直指"读书只为考取功名"的传统功利思想，有的努力破除知识只被少数人掌握的藩篱，有的激励救国热情，有的深刻影响着中国体育教育发展……他们在国家蒙辱、人民蒙难、文明蒙尘的至暗时刻，写下中国教育由传统向现代转型的开篇，照亮了中国教育的前行方向。时至今日，我们仍能看见这些教育思想流淌在小学、中学、大学的课堂内外，流淌在办学模式、管理体制、保障机制等方方面面，流淌在国人对教育的美好愿景中，为建设高质量教育体系、发展素质教育、促进教育公平输送着源源不断的灵感。

　　世界正面临百年未有之大变局。当我们又一次站在历史的十字路口，新时代新征程的使命任务促使我们去思考，培养什么人、怎样培养人、为谁培养人。而对于每一个关心教育领域、渴望获得教育亦或躬耕教育事业的人，教育先贤们简单的一句话，或是简短的一个故事，都可能成为我们与历史和时代共鸣的契机。

　　社会变迁、文明转型带来了日新月异的变化，也给教育带来了更大挑战。即使是在今天，中国已经建成了世界上规模最大的教育体系，也不得不承认仍有许多问题需要去回答、去实践。正因为如此，回望来路才显得格外富有意义。

　　诚然，世界上没有可以奉为圭臬的金科玉律，丰富的教育遗产也需要客观评估，取其精华，创造性地继承和使用。但可以肯定的是，蔡元培、张伯苓、蒋南翔、吴玉章、陶行知等教育先贤们的精神和他们把个人教育理想融入民族历史进程的实践，足以激励后来者不断向前，以无限智慧和勇气直面今天教育发展中的诸多问题。

投身教育事业的人众多，为何他们能称为巨匠？不仅在于他们在教育现代化转型中拓荒先行，也不仅在于他们的教育思想仍然熠熠生辉，还在于他们身上"心有家国情怀、肩挑国家责任"的教育风范仍然山高水长。

为深入贯彻落实习近平总书记关于教育家精神的重要讲话精神，中国教育电视台联合中国文学艺术界联合会、中国文学艺术基金会、百年巨匠（北京）文化传播有限公司，策划制作了弘扬教育家精神的大型人物传记纪录片《百年巨匠·教育体育篇》。该片于2024年全国两会期间，从3月4日起在中国教育电视台晚间黄金时段重点播出，其后陆续在学习强国、中央广播电视总台等主流媒体播出。

纪录片《百年巨匠·教育体育篇》，讲述蔡元培、陶行知、黄炎培、吴玉章、叶圣陶、马约翰、蒋南翔、董守义等著名教育家（含体育教育家）的生平事迹、教育活动、教育思想、教育贡献、历史影响，以及对今天的启示，展示他们"学为人师，行为世范"的教育情操和人格魅力，讴歌他们教育救国、教育强国的家国情怀和理想信念。

本着对先辈的敬重和对历史的尊重，摄制组在拍摄之初就提出了"见人、见事、见物"的创作理念。制作团队走访了世界各地与纪录片《百年巨匠·教育体育篇》中人物有关的众多红色遗址、旧址及纪念设施，深入拍摄名师巨匠的故居、纪念馆，还专程拜访了相关的历史专家、研究员、亲历者，以及大师们的亲属和后人，通过实地走访与口述历史等方式，挖掘出大量具有生活温度、情感浓度以及思想深度的史料细节,并通过多种渠道拍摄、收集和整理了大量的文献资料、遗物、遗存。很多首度揭秘的珍贵历史档案,不仅让观众知晓了许多此前不为人知的历史细节,这些不为人知的幕后付出,也让这段历史故事不再只是一堆冷冰冰的资料,而是有了超越文学书籍和虚构影视作品的感染力与震撼力。由马约翰先生的夫人亲手缝制的西南联大唯一的一面校旗,仍然珍藏在西南联大博物馆中,诉说着中国高等教育史上西南联大八年扎根边疆、学术报国的历史往事。

与目前反映教育家的多数作品不同的是,纪录片《百年巨匠·教育体育篇》注重讴歌对新中国高等教育作出重大探索和重要贡献的红色教育家,如吴玉章、蒋南翔等。第九届全国人大常委会副委员长彭珮云同志,在接受节目组采访时深情回忆:"1953年,清华大学实施由蒋南翔先生提出建立的政治辅导员制度,并选出了25人担任政治辅导员。他们和学生同吃、同住、同学习,负责班级的日常思想政治工作和党团组织建设工作,这样既有利于密切联系学生,深入开展思想政治工作,引导学生努力做到'又红又专',又为国家培养和输送了一批'又红又专'双肩挑的干部,南翔同志曾对他们说,年轻的时候做些思想政治工作,学些马列主义理论,将对终身有益。"曾任全国政协副主席的郝建秀曾回忆道:"吴玉章校长给了我很多指导和帮助,他把我邀请到家中,专门做了重点辅导。"很多年后,当郝建秀一步步走上纺织工业部副部长、国家计划委员会副主任、全国政协副主席的岗位,这一段火热的求学时光无疑为一名年轻的纺织女工成长为共和国纺织工业的领导者铸造了坚实的教育之基。

教育乃"国之大者"。中国教育电视台作为唯一的国家级专业教育传媒平台，作为中国式现代化历史进程和中华民族现代文明建设的记录者、传承者、弘扬者，肩负着提高国民教育文化素质、促进广大青少年健康成长的使命。我们希望与其他合作机构一起让《百年巨匠·教育体育篇》能够成为一扇窗口，以有限的文字与影像，尽最大努力向世人展示教育大家们丰富的精神思想遗产。

故结此集，与读者共享共思。

重塑巨匠形象 重温巨匠精神

——《百年巨匠·教育体育篇》丛书出版说明

陈宏

《百年巨匠·教育体育篇》总编导

  《百年巨匠·教育体育篇》丛书根据同名人物传记类纪录片拓展编著而成，目前正式推出关于蔡元培、陶行知、黄炎培、吴玉章、叶圣陶、马约翰、蒋南翔、张伯苓、董守义九位著名教育家（含体育教育家）的作品，讲述他们的生平事迹、教育活动、教育思想、教育贡献、历史影响以及对今天的启示，展示他们"学为人师，行为世范"的教育情操和人格魅力，讴歌他们教育救国、教育强国的家国情怀和理想信念。

一、背景意义

  教育乃"国之大者"。教育在国家富强、民族振兴和社会发展中具有基础性地位；师者乃人类灵魂之工程师，承载着传播知识、播种文明和培根铸魂、塑造新人之时代重任。回望过去的一百年，特别是上个世纪的上半叶，教育在改造社会、教师在重塑国民的伟大社会革命实践中发挥了基础性和先导性作用。习近平总书记曾指出，教师是人类历史上最古老的职业之一，也是最伟大、最神圣的职业之一。在古代，孔子被推崇为"大成至圣先师"，被誉为"万世师表"。在中华民族文明发展史上，特别是在近现代百年来中国教育事业发展的历史进程中，英雄辈出，大师荟萃，涌现出许许多多辛勤耕耘、涉猎广博、造诣精深的"大师级"教育家，不同程度地推动了中国社会历史的发展。随着岁月的流逝，如何将他们的教育实践、教育思想、教育成果、大师精神保存和传承下去，构建系统丰富的中国教育名家大师的教育人生档案和思想精神宝库，并使之成为滋养广大青少年的精神文化财富，是一项具有重要意义的文化教育工程。鉴于此，中国文学艺术界联合会、中国文学艺术基金会、中国教育电视台与百年巨匠（北京）文化传播有限公司携手联合相关单位及机构，勇担历史赋予的责任和使命，组织教育领域和影视领域相关专家学者，站在继承和丰富中国传统教育文化的历史高度，汲取国际先进教育理念，共同策划制作播出了大型教育（含体育教育）题材人物传记类纪录片《百年巨匠·教育体育篇》，获得了中国电视金鹰奖等十余个奖项，在社会上引起广泛反响。重塑大师形象，重温大师精神。这套丛书就是基于该部大型系列纪录片的基本视角、基本结构、基本内容、基本理念，从百年巨匠的维度，用习近平新时代中国特色社会主义思想以及习近平总书记关于教育的重要讲话精神为指导来解读中国著名教育家（含体育教育家）的人物传记作品。

　　高山仰止，金鉴万代。用纪实美学的方式编著在教育界有重大影响、有卓越成就的名家大师，激活、唤醒、重塑他们的人文情怀、爱国精神和理想信念，具有重要的历史文献价值和社会时代价值。这是中国教育事业发展变迁的历史见证，是无数教育人智慧与汗水的结晶，是给后辈留下的珍贵遗产，也是展示国家民族文明进步的窗口。这些资源可以为校园思想政治教育提供珍贵的教材教案，可以为新时代造就有品德、有品格、有品位的"大先生"提供宝贵借鉴，可以为培养中华民族伟大复兴栋梁之材提供精神滋养。

二、编著原则

总的来说，《百年巨匠·教育体育篇》丛书脱胎于大型系列纪录片《百年巨匠》，因此，这套丛书首先要处理好承继性。电视纪录片《百年巨匠》及其各系列同名书籍由若干篇章构成，像建筑篇、艺术篇、音乐篇等等，这些作品在出品方的要求下，已经形成了统一的风格样式，因此本系列丛书在大的纪实风格样式上不去打破。其次是要坚持创新性。有继承，也应有创新。不同系列作品一波又一波的主创团队在尊重《百年巨匠》基本风格样式的基础上，又不同程度地加入了自己的创见。而且《百年巨匠》创作已逾十年，过去的十年和新的征程，既有历史的连续性，又有新的时代特征，创作者理应紧密把握时代发展大势和教育发展趋势，创作出回应时代关切的作品来。本系列的创新主要体现在"致广大而尽精微"：视野更加深远辽阔，观照中国历史和人类世界的教育大师和教育思想；谱写更加精准细腻，在教育强国、科技强国、数字中国、职业教育等领域发挥人物传记讲好中国故事、传播好中国声音的独特价值，使《百年巨匠》品质达到新高度。

具体来说遵循以下原则：

一是教育视角。丛书讲述的教育家（含体育教育家），他们大多具有多重身份，但这里主要讲述其教育身份的这一面，侧重从教育角度讲述他们的教育历程、教育理念和教育贡献，并从中勾勒出鲜明的性格特征，凸显其卓越的人格魅力、崇高的精神情操及深沉的家国情怀。对其教育身份产生重要影响的其他事迹也稍有涉及。

二是当代视角。任何历史都是当代史。充分运用最新前沿研究成果，挖掘和披露新的史料，用当代视角解读诠释这些教育家，力争在一定程度上填补历史空白，努力使该书对当下教育有启发；建立与当下生活的连接，注重引发年轻人的共情，用他们的教育情怀和精神情操引领、滋养今天的教育工作者和广大青少年学生。

三是准确权威。因为是在为国家民族巨匠画像，作品中的史料、提法、评述力求准确，经得起当下的和历史的检验。对转述其他专家评价，包括采访其亲属和身边工作人员的提法也力求翔实，避免对大师过分拔高，在定性表述上谨慎用词，并对别的文献中使用过的"之父、奠基者、开创者、唯一"提法，慎之又慎，多方考证再用。

三、创作风格

丛书采用人物传记体，进行具有创新性的纪实美学表达。每册统一体例，内容包括引子和主体故事，其中主体故事由若干小故事构成，形成有张力、有冲突、有温度、有思想韵味的人物传记。

将大师的个体人物历史融进国家史、民族史、教育史中，紧密联系当时的历史背景和时代特征，讲好家教与中国传统文化、传统教育以及国际教育理念的关系，增加文本的底蕴与厚度，着力表现他们在波澜壮阔的历史潮流中，献身于国家与民族的伟大情怀和创造精神。

聚焦大师人生历程的几个转折点，通过故事化、传奇性的叙述展现人物跌宕起伏的命运史诗。人物创作如果把握不好很容易沦为生平事迹的流水账式介绍，类似人物的"日记体"、年谱，同时，也不能变成艰深晦涩的学术罗列。要讲好故事，必须挖掘其人生历程中的人物命运感，凸显其悬念、冲突、戏剧性。当然，只讲故事不带出理念，也会使作品失去高度和特色。本书努力将理念寓于故事中，并使其成为推动故事进展的内在逻辑力量。

用艺术展示学术。坚持"用形象演绎逻辑、用艺术展示学术、用故事阐释言论、用客观表达主观"的原则，努力把隐形化、基因化、碎片化的学术观点、历史资料变成具象化、故事化的表达。以润物细无声的方式，将学术观点渗透到大量史料和感人的故事中，做到艺术性和学术性的有机统一：无生搬硬套之嫌，有水到渠成之妙。

人物生活化。改变对大师"高大全"形象的塑造，而是再现一个更加人性化、生活化的有血有肉的大师形象。力求将大师伟大的人格与细腻的情感统一在故事中，用以小见大、由近及远的表现形式梳理人生，展现大师的教育实践、人格魅力，让大师的故事更加贴近生活、贴近历史，在波澜壮阔的历史洪流中彰显大师的家国情怀与教育贡献，努力追求作品既反映历史真相又记录时代进程，使其具有较强的文献传承性、历史厚重感和时代感召力。

特别要说明的是，研究这九位大师的九位著名学者，他们既是同名纪录片的学术撰稿人，也是本系列丛书的学术指导。他们以专业的学术见地和学术态度为丛书贡献了甚至毕生的研究成果，其中中国教育科学研究院的储朝晖研究员作为本系列丛书学术专家的组织协调者付出了更多心血；同名纪录片的编导主创团队也为本书提供了大量一手采访素材，包括收集到的多种文献资料；九位大师的家人、亲友、同事、学生等，深情讲述了他们的故事，也为本书提供了若干史料。是大家共同谱写了九位大师的人生故事，共同奏响了九位大师的命运交响曲，在此一并表达谢意！还要感谢外文出版社的大力支持，感谢胡开敏社长的热情指导，感谢蔡莉莉主任高度的责任感和辛勤付出，使本系列丛书得以顺利付梓！

目 录

引子 / 1
第一章　成长启蒙 / 5
第二章　海军救国梦碎 / 11
第三章　教育救国初探路 / 23
第四章　立业南开洼 / 35
第五章　奥运三问 / 45
第六章　如日之升 / 57
第七章　校长变学生 / 77
第八章　难开，南开 / 85
第九章　名校之路 / 97
第十章　开创南开系列 / 113
第十一章　体育盛会 / 127
第十二章　奥运征程 / 137
第十三章　体育抗战 / 151
第十四章　毁灭与重生 / 165

第十五章	南开生命的延续	/ 181
第十六章	复兴南开	/ 191
第十七章	教育和体育	/ 203
第十八章	"辞职"阴谋	/ 215
第十九章	一代人师	/ 223

| 参考书目 | / 233 |
| 编导手记 | / 236 |

引 子

中国近代体育先驱、著名爱国教育家张伯苓

当历史的时钟指向2008年8月8日晚8时,第29届奥林匹克运动会在北京盛大开幕,全世界的目光都聚焦到中国,聚焦到北京国家体育场——"鸟巢"。伴随着隆隆的礼炮声,一位隐形的巨人迈着矫健的步伐,从北京永定河出发,沿着古老的北京中轴线,"走过"前门、天安门广场、故宫、什刹海、鼓楼……一路由南向北,一步一个脚印,直奔"鸟巢"国家体育场,在万里苍穹中写下了中国式的浪漫。

这29个由烟火升空组成的巨大烟花脚印被称为"历史足迹",每个足迹长达150米,在15公里的中轴线上一路绽放。它代表现代奥林匹克运动会经历了28次旅程,在第29届时来到了中国北京,意味着中国追逐奥运之梦的百年跋涉,在这一晚终于梦想成真。

百年前的1908年,一位秉持体育强国思想的中国青年第一次明确提出了中国要参加奥运会的主张。他与众多的奥运倡导者发出了中国对现代奥林匹克运动的畅想:

中国何时能派人参加奥运会?

中国何时能在奥运会上夺得冠军?

中国何时能够举办奥运会?

"奥运三问"在无数国人心中久久回响,那位志向高远的中国青年从此踏上实现中国奥运梦想的征程,他用毕生心血推动了奥林匹克运动在中国的发展,推动了中国体育教育事业的蓬勃发展,他就是中国的奥运先驱张伯苓。

2022年2月4日，夜幕下的国家体育场"鸟巢"再一次华灯璀璨，迎来了第24届冬季奥林匹克运动会，北京由此成为奥林匹克史上首个"双奥之城"。中国已成为体育强国，张伯苓一生追逐的体育梦想已经变为现实。

百年前，张伯苓秉持教育强国、体育强国的思想，以及"德、智、体三育并举"的教育理念开创了南开系列学校。南开的体育精神传承百年，至今仍引导和激励着一代代南开学子拼搏进取，追逐梦想。

2023年盛夏时分，南开大学的龙舟队进入了最紧张的集训期，再过一个月，他们将参加两强对决赛……

2023年6月8日，重庆南开中学的女子三人篮球训练正在紧张进行。5天后，她们将在武汉参加全国U18三人篮球锦标赛……

张伯苓将奥运的种子播撒进无数国人心里，也将体育的精神耕耘进了学校的沃土里。体育和教育成为张伯苓生命里的主旋律，我们从这些旋律中听到了振兴中华，听到了救亡图存，听到了奥运梦想，听到了南开精神……

第一章

成长启蒙

风光旖旎的天津自古是渤海的退海之地。天津宜兴埠身兼京杭漕运口岸、京津水路走廊等重要角色，它既是京杭大运河北仓段最繁华的码头，也是自古皇帝南下的必经之路，是古时颇为繁盛的漕运重地。

宜兴埠一带最初因渔民居住并建村，始称"渔家铺"，清朝道光年间更名为宜兴埠。这座有着七百多年历史的文化名镇是当时天津的五大集市之一，人文欣荣，商贾云集。

1876年4月5日，一个男婴降生在宜兴埠的一个盼子已久的家庭，父亲张久庵为孩子取名寿春，字伯苓。

张久庵此时已经43岁，他早年娶胡氏为妻，然而胡氏不幸病故，所生子女也都夭折。后来，他续弦娶了杨氏为妻，夫妻俩盼子心切，到处烧香拜佛，祈求上天赐子。为了求得以后子女的长命，他们将邻居家的两个活泼可爱的孩子视如己出，取名"大柱"和"二柱"，排为张家老大和老二，以求吉利。杨氏又在娘娘宫的送子观音前抱回一个泥娃娃，视为张家第三子，叫其"三柱"，盼望能招来一群弟弟妹妹。最终，夫妻俩得偿所愿，杨氏生下一女，取乳名为"四柱"，随后，张家又迎来了长子张伯苓，他便由此成了家中老五，有了五哥和五爷的称号。

张氏一族祖籍山东，原本在运河上使用楠木船贩运粮油杂货为生。到了清朝初年，举家迁来天津，在靠近运河口岸的河东开了一家店铺,起名"协兴号",以此延续祖业,继续做着贩运油粮的杂货生意。

张家几代人奔着"协力同兴"的目标,把日子过得红火兴旺。家业传至张伯苓祖父筱洲公时,筱洲公不幸早亡,留下年仅九岁的两世单传之子张久庵,家道随之没落。

张久庵从小聪慧过人,但因幼年没了父亲的护佑,又是家中独子,就受到了母亲刘氏

张伯苓父亲张久庵

的过度娇惯和宠爱。当时家业犹在,家里也没有强求张久庵考取功名,而是随着他的性子,任其自由成长。

张久庵兴趣广泛,擅骑射,一生酷爱音乐。他曾遍访名师,精通各类乐器,吹打弹拉,无不精绝,尤其擅长弹琵琶。他日日琵琶不离手,就算到了严冬时节,也从不停奏。家里人还特意为他发明出一套别致的防寒装备,他们将棉被挖出两个洞,张久庵坐在热炕上围着被子,两只手就从"洞口"里伸出来,尽情弹奏。爱乐如命的张久庵在天津小有名气,当地人称"琵琶张"。

"协兴号"的家族产业,最终在无心经商的张久庵手中倒闭了。张伯苓出生时,张家已然穷困潦倒。母亲杨氏靠给人家做些针线活儿贴补家用,父亲张久庵在几处家馆做私塾老师,教授乐器,以此维持家计。张久庵虽然安于清贫,但看到儿女过着穷苦的日子,心中不免酸楚,因此对儿女的教育格外重视,对孩子的学业也要求严格,他希

望孩子能学有所成,日后能在社会上立足。

张伯苓自幼聪明过人,五岁开始跟随父亲识读四书五经。《张伯苓先生事略》中记载:"五岁从太翁久庵公受四子书。公为名诸生,雅擅音乐,久困场屋,遂弃举子业,以授徒教子自娱。教授重启发,贵实践,深合教育原理。"

张久庵曾受宜兴埠的教育世家温世霖母亲徐振肃的邀请,前往温氏家塾任教,张伯苓也随父亲前往宜兴埠生活了一段时间。张伯苓因父亲的关系得以进入温家私塾,接受教育,但这样随父奔走的读书生

张伯苓(后左)与父亲

活终究不能长久。

张久庵也很快犯了愁，他在几处家馆兼任教师，终日奔波，难以携带儿子就读，可眼下，他也没有钱送儿子去上私塾。当时有个家世殷实的同族人张竹坡，他的父亲请了一位家馆先生，教他念书，张久庵便借机征得张竹坡的同意，让张伯苓在这家私塾借读。

六岁的张伯苓进入私塾后，深知读书的机会来之不易，日日勤学苦读。可惜这位富家儿郎不爱读书，还常常逃学。张伯苓只跟着学了一段时期，张家人就把私塾先生辞退了。

好在张久庵很快打探到了一位施行义学的刘先生，刘先生所设的义塾专收贫寒子弟，仅收取少量学费，每天还给学生提供一日三餐和少量的笔墨纸张。张伯苓随后进入了这所义塾，继续发奋苦读。他白天在义塾里读《三字经》《千字文》，放学回家后，又在父亲的辅导和讲解下继续巩固知识。

张伯苓性情刚直，自小就有一身正气。他出门在外，遇上不平之事，总要上前与人辨析是非。若有恶人不听劝告，他就撸起袖子用拳头说话。张伯苓年少时力气不小，不免打伤一些人，有些被打的人还会找到家里，向张久庵讨要说法。张久庵对外赔礼道歉，说尽好话，但事后从不责备儿子，反而说："不可因此伤了他的这一点正义之气。"

张家的境况日渐窘迫，难以支持张伯苓继续读书，求学若渴的张伯苓只能另寻出路。他一直牢记父亲的一句教诲，并努力践行着——"人越是在倒霉的时候，越要勤剃头打辫。"不久之后，张伯苓迎来了柳暗花明的时刻，幸运地找到了一条放眼看世界的"新学"之路。

第二章

海军救国梦碎

清朝大臣、洋务派首领李鸿章经历了数次军事和外交上的失败，为挽救日渐衰颓的国家，他于1881年在天津创办了一所北洋水师学堂，训练中国水师，培养海军人才。教授新学的北洋水师学堂请的是外国教官，开的是洋船，使的是洋枪洋炮，用的是洋文，教的是洋书。当时国人的思想并不开放，难以接受以西方知识为主的新式教育。清政府为了多招学生，不但免收学费，还管吃管穿管住，每月发给学生白银四两五钱，这笔钱在当时还是一笔不小的数目。

北洋水师学堂的招生对家境贫寒的张伯苓来说无疑是天赐良机，他既能在学堂里继续学业，又能用每月所得的收入贴补家用，减轻家里负担。1889年，13岁的张伯苓以优异的成绩考入了北洋水师学堂，开始了四年堂课、一年上船实习的五年学习生涯。

据《津门杂记》记载："水师学堂设在机器东局之旁，堂室宏敞整齐，不下一百余椽，楼台掩映，花木参差，藏修游息之所，无一不备。另有观星台一座，以备学习天文者登高测望，可谓别开生面矣。"

北洋水师学堂的总教习和监督是著名启蒙思想家严复，课程设有英语、国文、数学、物理、化学、天文和体育。张伯苓在这些课程中学习了算学、几何、代数、三角法、重学、地域图说、测量天象、推算经纬度诸法等西学课程。在体育课上学了击剑、刺棍、木棒、拳击、哑铃、三足竞走、跳远、跳高、跳栏、足球、游泳、平台、木马、单杠、双杠等运动。

学堂设有驾驶和管轮两个班，按照学堂规定，年龄小、成绩好的学生才能学驾驶。张伯苓兼具两个条件，被分到了驾驶班，他在学习驾驶的过程中，每次考试都拿第一。老师和同学都很喜欢这位品学兼优的学生，他们还给张伯苓取了个外号叫"张小辫"。

北洋海军时的张伯苓

张伯苓不仅功课好，体育成绩也是全班第一。他最擅长爬桅杆，在学堂的几年里，爬杆年年夺冠，就连校长严复都知道"张小辫爬杆最快"。

当时北洋水师学堂的学生多半是富家子弟，他们每月还有学校的津贴，生活格外奢靡。每天晚上下课之后，学生们常常聚在一起，以赌博为乐。他们还把张伯苓拉上了赌桌，张伯苓十赌九赢，但时间一到，他就会自觉地回房念书，按时入睡。到了第二天上课时，很多在赌桌上彻夜鏖战的同学总是无精打采，遇上考试，也有不少头脑空白的同学交了白卷。张伯苓总能保持很好的状态和清醒的头脑，每次考试都拿高分。但张伯苓的运气也没有一直好下去。

有一次，他在学堂里和同学赌钱，输了30吊钱却没钱还债。当时家里生计艰难，张伯苓回到家中后不敢和年迈的父亲说，只好和母亲杨氏求助。张伯苓向母亲郑重承诺从此不再赌钱，但母亲也拿不出钱来，他又只好去求父亲。

张久庵向张伯苓语重心长地说起了赌博的危害，让他引以为戒。张伯苓谨记父亲教诲，落下泪来。从此之后，张伯苓果真言出必行，终身不赌，将毕生精力都放在有意义的事情上。

此时的张伯苓年纪虽小，志向却十分高远。他身处的天津从1840年到1900年的60年时间里，先后经历了第二次鸦片战争在内的四次炮火洗礼。面对侵略者的船坚炮利，面对列强的不断欺凌，张伯苓早已下定决心，为积贫积弱的国家寻求救亡之道。他终日勤学苦读，精研专业技能，只为有朝一日能实现海军救国的梦想。

按照北洋水师学堂的规定，驾驶班的学生完成四年学业后，要经过一次大考，通过了考试就可以上船实习。在船上实习期间，学生们要学习大炮、洋枪、刀剑、操法、弹药利弊、上桅接绳、用帆诸法等应用技能，还要接受春、秋两次考试。两次考试都能通过的学生，获得总候补的保送资格，才能登上兵船。

1894年，18岁的张伯苓即将堂课毕业，登上兵船实习。他的海军卫国之梦正要扬帆起航，一场战事突然来临。

这年6月，朝鲜爆发了东学党起义。当时的朝鲜是中国的藩属国，清政府应朝鲜政府之请，出兵平乱，结果日本乘机出兵朝鲜，蓄意挑起战争。中日两军对峙于朝鲜半岛，战事一触即发。

7月25日，完成护航任务的北洋舰队济远舰和广乙舰正在返航，两舰行至丰岛附近时，遭遇日本联合舰队偷袭，丰岛海战爆发，拉开了甲午战争的序幕！

清政府的海军和陆军在海战中被全部击溃，前线局势危急，清政府急忙调集当时装备最先进的北洋水师舰队进行增援。张伯苓跟随北洋水师舰队加入了这场海战，结果第一艘兵船刚刚出海，就被日舰击沉了。

9月17日，日本海军中将伊东祐亨率领联合舰队袭击北洋水师，波涛汹涌的黄海上瞬间爆发了一场大规模海战。双方激战五个多小时后，张伯苓所在的军舰随北洋舰队退守威海卫海军基地。

战事持续了数月，北洋水师在海战中伤亡惨烈。张伯苓含泪饮恨，跟随众人提前返回了学堂。甲午海战期间，北洋水师在海战中艰难抵抗。政府无船供水师学堂的学生毕业实习，张伯苓等学生遵从指示，均回家待命，等候调遣。

父亲张久庵自从听说张伯苓参战的消息，日日担惊受怕，寝食难安，如今见到张伯苓平安到家，这才放下心来。

1895年2月15日，张伯苓接到学堂通知，他将进入残存的"通济"轮完成学业，进行毕业舰上实习，实际操练枪炮、鱼雷，学习舰船驾驶等技能。就在张伯苓接到上舰实习通知的这个月，北洋水师在甲午海战中全军覆没，中国海军在没有击毁一艘日军舰艇的情况下宣告战败。

1895年4月17日，中国清政府被迫与日本签订《马关条约》，割让国土和巨额的赔款进一步加深了中国的民族危机，甲午战争的失败也标志着清朝历时三十余年的洋务运动的失败。张伯苓第一次受到如此沉重的打击，曾经对民族复兴寄予厚望的他，如今面对国耻和国难，感到无比迷茫。

张伯苓在"通济"轮上度过了一段实习的日子。到了10月，他以第一名的成绩与另外17名同学从北洋水师学堂第五期驾驶班毕业，正式成为北洋水师中的一员。

威海卫刘公岛因其独特的地理特性，历来是军事要塞和兵家必争之地，被称为"东隅屏藩"。1888年，中国第一支近代海军——北洋海军正式建立。威海卫刘公岛成为北洋海军的重要基地，先后建起铁码头、炮台、北洋海军提督署等军事设施。甲午战争爆发后，威海卫之战是保卫北洋海军根据地的防御战，也是北洋舰队的最后一战。威海卫见证了甲午国殇，成为战争的终结之地。

《马关条约》签订后，威海卫被日本军队强占3年之久。甲午战争过后，中国依然处在内忧外患、风雨飘摇的危局之中。西方帝国主义越发看清了清政府的无能，计划进一步瓜分中国的领土，威海卫再次成为列强们争夺的对象之一。

日本占领威海卫后，清政府可以出资赎回威海卫，但当时的清政府拿不出这么多钱。英国是当时抢占远东地区的主要势力之一，愿意主动借钱给清政府，但条件是让清政府把威海卫租借给英国。在取得日、德两方支持后，英国与清政府展开了蛮横交涉。最终，英国如愿与清政府签订条约，帮助清政府赎回了威海卫，并成功租借。

1898年，因甲午战败而赋闲在家的北洋水师官兵们迎来了一项公务——随"通济"轮护送清政府官员去山东。清政府接收完日本占据的威海卫后，又将立刻把威海卫转租给英国。这一年，22岁的张伯苓作为北洋水师的一名军官，乘"通济"轮前往山东，负责执行这次公务。

5月23日，清政府携北洋水师在刘公岛举行收回威海卫的仪式。在大清炮台前，日本的太阳旗缓缓落下，清朝的黄龙旗在威海卫上空重新升起。

然而，黄龙旗飘扬的时间没有超过24个小时。第二天，清政府就在同一个地方举行了将威海卫移交英国的仪式。100名英军、50名中国水军完成了易帜仪式，黄龙旗缓缓落下，英国米字旗在中国威海卫上空升起。

这一天，正好是英国维多利亚女王的生日。这面在中国领土上为英国女王庆生的英国米字旗让张伯苓深感椎心之痛，"国帜三易"的屈辱一幕让他一生都刻骨难忘。

中英两国易帜仪式

张伯苓后来在自述中愤然写道："目睹国帜三易，悲愤填胸，深受刺戟！念国家积弱至此，苟不自强，奚以图存，而自强之道，端在教育。创办新教育，造就新人才，及苓将终身从事教育之救国志愿，即肇始于此时。"

张伯苓不禁反复求问，我们有足够英勇的北洋水师，有号称"亚洲第一"的铁甲舰队，引进了世界先进的科学技术，苦心经营了三十多年的洋务运动，为什么国家在一次次的战争中，仍然没有还手之力，仍旧饱受列强欺凌？

张伯苓曾在《南开周刊》的一段采访中回忆道："当我到刘公岛的时候，我看见两个人，一个是英国兵，一个是中国兵。那英兵身体魁伟，穿戴得很庄严，面上露着轻看中国人的样儿；但是吾们中国兵则大不然，他穿的衣服还不是现在的灰军衣，乃是一件很破的衣服，胸前有一个'勇'字，面色憔悴，两肩高耸。这两个兵若是一比较，实有天地的分别。我当时觉得羞耻和痛心，所以我自受这次极大的刺

英国海军

激,直到现在还在我脑海里很清楚的。"

英国海军和中国海军的精神状态形成了强烈的对比,这让张伯苓意识到中国当时的问题不只出在武器装备上,更出在人身上。要从根本上改变人的身体素质,改变人的精神面貌,才能实现救国之道。

他在《张伯苓自述》中明确表示:"甲午之后,在海军里实习,彼时年纪二十三四岁,就看中国上下交争利,地大物博、人民众多,而不会利用。彼时自己的国家观念很强。眼看列强要瓜分中国,于是立志要救中国,也可以说自不量力,本着匹夫有责之意,要救国。救法是教育。救国须改造中国,改造中国先改造人。"

甲午海战期间,张伯苓从前线撤回,随后回到了天津老家待命,他在短短的十余天时间里就经历了两场婚姻。那年深冬,天津宜兴埠安氏的女儿身患肺痨,安家为了冲喜,匆匆将带病的女儿嫁给了居家待命的张伯苓,但安家女儿进门不过五日就不幸病逝了。只过了18天,张伯苓便续弦娶了王淑贞,他就这样匆匆成了家。

张伯苓后来在回忆录中写道："在我十九岁的时候，我就结婚了。也就在那年冬天，我的第一个太太就死去了，从结婚到续弦，中间不过十八天的工夫。那十八天，就从糊里糊涂中过去。我常想假若我是一个女人，而又是在旧环境中，过了糊里糊涂的十八天，便要一辈子糊里糊涂的守节守了下去，岂不是一件笑话。但我们可以想到这种笑话中的主人，是随时随地不难找到的……向来续弦，一定丈夫比妻子要大。但我们却是例外，她却比我大了三岁。她的父亲和我的父亲的职业是一样的，也是教书的，这正称得起是门当户对。"

短短十余日，一娶一葬再到续弦，旧时代的封建陋习猛烈冲击着这个年轻人的心。改造中国、改变国人的愿望愈发炽烈。不久之后，一场提倡科学文化，改革政治、教育制度，发展农、工、商业的资产阶级改良运动猛然袭来。

1898年，"国帜三易"半个月之后的6月11日，清光绪帝颁布"明定国是"诏，中国近代史上一次重要的维新变法运动"戊戌变法"由此开始。然而，以慈禧太后为首的保守派很快在9月21日发动了宫廷政变，光绪皇帝被软禁，谭嗣同等维新人士被杀，仅仅持续了103天的"戊戌变法"以失败告终。

甲午战争过后，张伯苓看到国势一天不如一天，十分痛心，他在自述中深刻剖析道："窃以为我中华民族之大病，约有五端。首曰'愚'，千余年来，国人深中八股文之余毒，民性保守，不求进步。又教育不普及，人民多愚昧无知，缺乏科学知识，充满迷信观念。次曰'弱'，重文轻武，鄙弃劳动，鸦片之毒流行，早婚之害未除，因之民族体魄衰弱，民族志气消沉。三曰'贫'，科学不兴，灾荒叠见，生产力弱，生计艰难。加以政治腐败，贪污流行，民生经济，濒于破产。四曰'散'，两千年来，国人蛰伏于专制淫威之下，不善组织，不能团结。因此个人主义畸形发展，团体观念，极为薄弱。整个中华民族有如一盘散沙，而不悟'聚则力强，散则力弱''分则易折，合则难摧'之理。五曰'私'，此为中华民族之最大病根。国人自私心太重，公德心太弱，所见所谋，短小浅近。只顾眼前，忽视将来，知有个人，不知团体。其流弊所及，遂至民族思想缺乏，国家观念薄弱，良可慨也。"

张伯苓目睹"国帜三易"后不久，就决定从海军退役。退役后的张伯苓立志复兴中国，他不肯到都督衙门里当翻译，而是选择改行当老师，兴新学。他希望培育大批救国强国的人才，以雪国耻，以图自强。至此，张伯苓从海军救国正式转向了教育救国，开启了他的漫漫教育征程。

第三章 教育救国初探路

1898年冬，经历了甲午海战、"国帜三易"的张伯苓回到了天津，希望在家乡开启一番教育救国的新事业。在一个寻常日子里，张伯苓遇到了一个影响他一生的挚友——天津名绅严修。人们常说："没有严范孙，就没有张伯苓；没有张伯苓，就没有南开。"张伯苓自己也常常感慨能遇到严先生是"个人之万幸"。

严修，字范孙，1860年4月2日出生于天津的一个盐商世家。严修自幼聪慧，饱读诗书，对算学和英语颇感兴趣。他在1882年的乡试里中举，次年中进士，被选为清朝翰林院庶吉士。此后，他担任过清朝翰林院编修、直隶督学使，还在清政府担任过学部侍郎（相当于教育部副部长），是中国传统士大夫最后一代的代表之一。

1894年，严修先后三次受到清光绪皇帝召见，领命担任贵州学政，参与贵州科举考试的相关工作，锐意改革的他收到了皇帝"要维新"的再三叮嘱。严修南下就职之际，正是甲午战事激烈之时。

整个家国处在岌岌可危的局势中，严修越发深刻地意识到，想要救国家于危难之中，非变法维新不可。从事教育工作的严修深知依靠过去的科举制度，已不能为国家培养适应时代需要的人才，要维新，要变革，就要从创办新学教育开始。

1897年10月，严修在贵州学政即将任满之际，冒险直言进谏光绪帝，建议朝廷改革科举，奏请朝廷：开设经济特科，凡是在内政、外交、算学、译学、格致、制造、测绘等有专长之人，经推荐保送，不问身份、资历，均可参加考试，择优录用，且一切录取者与科举出身待遇相同。

严修力求为兼具东西方学识及应用技能的人才提供机会，开设"经济特科"的建议被梁启超称为戊戌新政"最初之起点"。

严修提出的教育改革引发了保守派的强烈不满，独木难支的他甚至被老师兼上司的翰林院掌院学士徐桐逐出了师门。1898年4月，严修卸任贵州学政，他回京后想去拜见老师徐桐，却多次求见不成。徐桐还跟自家看门的人说："严修不是我的弟子，再来你也不要再给我通报了。"

晚清时期的严修

后来，严修被免去了翰林院的差使，仅挂名编修。戊戌变法开始后，严修因支持变法而被保守派排挤、打压，他所主张的教育改革也未能施行。失望至极的他请了长假，回到了天津老家。

严修打算将自家私塾改为新式教育的实验场，他不为科举考试教学，也不为功名利禄教学，他要"改课程，讲西学"，使用新的教育理念培养国家真正需要的新人才。严氏家馆位于严家西院，这座毫不起眼的私塾，便成了南开系列学校的发源地。

就在严氏家馆急切寻找合适的西学教师时，有位朋友向严修推荐了一个人，所推之人正是刚从海军退役的张伯苓。拥有西学教育背景的张伯苓具备英语、地理、化学、几何、代数、平弧三角法等专业知识，是中国最早接受新教育的一代人。

而张伯苓自海军退役后，虽有教育救国的远大抱负，却苦于报国无门，无处施展拳脚。由此，22岁的张伯苓和38岁的严修因为共同的教育理念和救国志向走到了一起，两人一拍即合，联手办起了新学教育。

严修聘请张伯苓为严氏家馆的老师，改良后的严氏家馆不再只教四书五经等旧学，而是结合现代科学知识进行新式教学。张伯苓和严修从教育理念、授课内容、教学方法等方面进行了一系列的教育改革和创新，张伯苓也由此开启了他的教育之路。

1898年10月，张伯苓开始在严氏家馆教授英文数理的课程。学生是严修的5个家族子侄。在张伯苓和严修的共同努力下，严氏家馆有了前所未有的新气象。"读书只为考取功名"的传统功利思想束缚着中国的读书人，更限制了当下的社会发展；而教育的当务之急是培养对社会发展有实际作用的人才，将"志为达官贵人"的教育转变为"志为爱国志士"的教育。

此外，张伯苓敢于挑战封建传统，改革封建陋习。他和陶仲明两人为争取妇女的权益自由，提倡"天足"（又称"放足"）运动。严府的4个千金都没有缠足，这在当时是冒天下之大不韪，却是新思想的一大进步。

在授课内容方面，严氏家馆有别于一般的私塾，实行半日读经书，半日读洋书。一天之中，家馆半日教授训诂、骈文、时文、律诗等传统文化，主要由陶仲明授课；另外半日教授英文、数学、物理、化学等西学新知，主要由张伯苓授课。

张伯苓教的最多的是英文，常将英文课安排在晨间。除了教授英语语法等基础知识外，张伯苓还使用一本名叫《科学读本》的小册子作为教材，进行英文教学，学生在学习英语的过程中，还能学到一些科学知识，一举两得。

数学课则从几何入手，再教代数、三角，最后教到立体几何。张伯苓总是用理论联系实际的方式进行授课，《严修日记》中就记载了一次张伯苓向严修解释通过视力测算地理距离的方法："昔在（水）师船曾与人赌赛，如船左有一山，或曰距八里，或曰距十里。姑前行视历若干时，船与山得四十五度角，再以速率算之，则得里数矣。按此法虽未确中而颇悟算理。"

对于物理、化学等课程，张伯苓则希望通过科学实验来加深学生对知识的理解。为此，他一有机会就购置一些教学设备。

执教期间，张伯苓还在严氏家馆大力推行体育，担任体育老师。在北洋水师学堂，体育是张伯苓等水师学生的必修课。康有为曾提出"欲强国必须强民，欲强民必须强体"，孙中山曾倡导"强种保国""强民自卫""尚武强身"等思想理念。

中国的传统教育中并无体育教育，张伯苓经历过甲午海殇、"国帜三易"，越发深刻地认识到体魄强健的重要性。张伯苓、严修二人在严氏家馆创办之初就引进了近代体育运动，张伯苓的体育思想在这里得到了贯彻实行，成为当时教育改革的一大突破。

张伯苓教授的体育运动包括了柔软体操、足球、跳高、角力等项目。当时，各个体育项目的配套器械并不多见，没有合适的体育设施，张伯苓就想办法创造设施。他常常带领学生围着严修家的一棵大槐树跑。中国科学院原副院长、社会学家陶孟和曾向胡适说起他在严馆当学生时，张伯苓教他们体育的情景。他清楚地记得张伯苓将自己在水师学堂做体操时使用的哑铃和操棒画出图样，让工匠做出来给学

学校里使用的简易运动设施

生们使用。

有一天，张伯苓把教室的木头椅子搬到了院子，叫学生们找来一根鸡毛掸子架在两把椅子之间。学生们对此感到不解，等张伯苓完成搭建工作后，他们才看懂了眼前这个巧妙的运动道具。张伯苓让学生把辫子盘到头上，撩起长袍，在鸡毛掸子上练习跳高。

过了几天，学生们可以轻易跳过那根木棍了，张伯苓就找来几本书，垫在椅子下面，升高鸡毛掸子的高度，以此提升体育训练的强度。这种令人耳目一新的体育教学让学生们在强身健体的过程中感受到了运动的乐趣和挑战的乐趣。

张伯苓倡导学生们在夏天运动时穿短裤，这在当时的中国是难以被人理解和接受的。穿短裤甚至被当作违背公序良俗的低劣行为，不少人对张伯苓恶语相向。严修不但没有劝阻张伯苓，反而给他加薪，以示支持。

张伯苓不同于旧私塾里那些刻板而严厉的先生，他不要求学生死记硬背，总是进行趣味教学，喜欢在各种实践活动中，调动学生的主动性和积极性，激发学生的创新能力。他与学生建立了一种平等、友爱的师生关系，常和学生一起交流，一起下围棋、踢球、骑自行车……

胡适曾在《教育家张伯苓》中写道："伯苓当时的教授法已极新颖，堪称为现代教育而无愧色……注重科学和体育，师生共同学习，共同游戏，张氏于此实为中国现代教育的鼻祖之一。"

1900年，在国家连年受到外国列强欺侮的局势下，山东爆发了以"扶清灭洋"为口号的义和团运动。5月底，以英、美、德、日、法、俄、意、奥为首的八个主要国家以镇压义和团为名，对中国发起了一场武装侵略战争。

7月4日，天津被八国联军攻占，他们在此地大肆烧杀抢掠，整个天津城陷入了一片黑暗。仅半个多月的时间，八国联军就在天津建立起殖民统治政权——天津都统衙门。

在此期间，张伯苓上有年迈的父母，下有一双年幼的儿女，还要照顾弟弟妹妹，他只得携全家逃到严修寓所避难。因为通晓英文，他时常挺身而出为整个寓所应付前来骚扰的兵寇。

八国联军天津都统衙门建立后，他们就要求张伯苓担任他们的翻译，但张伯苓铮铮铁骨，从不向列强低头，凛然不就。

8月14日，八国联军攻占北京，慈禧太后挟光绪皇帝弃城逃跑，途中指定李鸿章作为代表与侵略国进行议和。

12月22日，英、俄、德、美、法、日、意、奥以及西班牙、荷兰、比利时等11国公使联合递交了《议和大纲》十二条。清政府于27日同意接受。

战事过后，天津的社会秩序逐渐恢复，但战争对环境的破坏仍无法在短期内修复。这座城市死伤人数过多,许多尸骨无法及时掩埋,由此引发的瘟疫很快在全城蔓延开来。

张伯苓一家也没能幸免,家人先后染病,家中最初还能请医问药,勉强治好了父亲的病,染病的胞弟张仲述煎服了张久庵剩下的药渣,也幸而痊愈。后来,张伯苓四五岁的儿女染上了疫病,苦于无药可寻,一双儿女先后病逝。

经历了八国联军侵华的浩劫,又经历了亲人的离去,张伯苓内心的悲恸难以言说,国破家毁的重击让他更加坚定心中所愿,他早已与严修一同抱定了"终身办教育"的信念,誓要以教育来强国,以教育来救国。

1901年春,严氏家馆重新开学,张伯苓最小的胞弟张彭春也就读于家馆中,此时的严氏家馆已有11名学生。

严修在严宅的北书房举行了新学期的宣誓活动,他在活动的誓词中说道:"尔十一人者,或为累世之交,或为婚姻之谊,辈行不必齐,而年龄则相若。尔父若兄,道义相靡,肝胆相许,志同道合而患难相扶持,尔诸生所亲见也。尔十一人者,自今日始,相待如一家,善相劝,过相规,毋相谑,毋诟争,毋相訾笑,毋背毁,毋面谩,同心一力,从事于学问。以绳检相勖,远非僻之友,警浮伪之行。毋做无益害有益,毋偷惰,毋轻躁。兄弟婚姻,互为师友,敦品修业,以储大用,是余等所厚望焉。陶履恭,孤儿也,当厚自策励,而去其童心。尔十人之待履恭也,悯之,爱之,砥砺之,使无坠其家学,是则今日此举为不虚矣。"

张伯苓和严修推行的新式教育逐渐被一些思想进步的志士所接受和信赖,这年春季开学之时,号称天津"八大家"之一的盐商大户王奎章慕名而来。王奎章及其子王益孙热衷兴学育才,喜欢接受新事

张伯苓为严馆、王馆两家馆学生授课

物,家中女儿不缠足,还在家内设游泳池、篮球场,颇有开明的家风。

王奎章诚请张伯苓兼理王氏家馆,为他的儿子及亲友子弟教授英文、数学、物理课程。由此,张伯苓开始了上午去严馆,下午去王馆,两馆各半日的教学生活,这种状态从1901年的春天一直持续到1904年。

张伯苓和严修致力于改革封建社会留下来的遗风旧俗,他们不仅主张为女子放足,还努力为女子提供接受平等教育的机会。

1902年,严修开办了严氏女塾,严氏女子及亲友女眷均在此就学,张伯苓等教师也在此任教。他们教女学生学习国文、英文、日文、数学、理化、史地、音乐、图画等知识,还开设缝纫、织布等实用课程。

3年之后,严氏女塾扩建为涵盖中小学女子教育的严氏女子学堂,严氏女塾开创了天津女子教育的先河,被天津《大公报》赞为

"女学振兴之起点",成为国内较早的正规女子学校之一。

20世纪初,许多国家都在推行新式前沿教育。美国推行的教育改革培养了学生的创造性思维和实践能力,推动了国家的经济发展。德国大力推行职业教育,逐渐建立了一套较为完整的职业教育体系,为德国后来的工业发展起到了重要作用。英国、法国等国家开始实行义务教育制度,向更为广大的群体普及教育。

张伯苓越发感到焦虑,中国的教育虽然引入了西方的部分课程,但教学方法和教学思维仍旧闭塞,闭门造车的教育仍是落后的教育。此时的张伯苓迫切地想要了解世界上最前沿的教学方法,想要对外取经,学习先进经验。张伯苓和严修开始筹划教育考察的事宜,两人所走的第一步,却是以敌为师。

当时,日本通过明治维新迅速崛起,日本的教育也有了很大发展,吸引了国内许多进步人士前去留学。张伯苓认为日本这一东方小国,竟然能够战胜中国,击败俄国,跻身世界强国之列,其教育必有可学之处。

1903年暑假,张伯苓首次出访日本,参观了大阪博览会,简单考察了当地的教育情况,并买回了多种理化仪器。1904年5月28日,张伯苓第二次去日本,进行了近4个月的全面教育考察。这一次他与严修同行,两人乘坐"永生"轮到达日本后,参观了早稻田大学、师范学校、女子大学、女子职业学校、专科学堂等学校,还去了一些中小学、幼稚园进行考察,重点针对学校的教学内容、教育方法、教材建设及教育行政管理进行调研。

张伯苓目睹了日本明治维新后的盛况和这个国家对教育的重视,他对日本的办学理念、课程设置及教育方法等感悟颇多,日本对教育的重视以及对教育资源的投入是不可想象的,也是当时的中国望尘莫

1904年农历七月，张伯苓致函严修商议办校事宜

及的。

张伯苓在自述中写下了他的教育思辨："苓与严范孙先生，东渡日本，考察教育，知彼邦富强，实由于教育之振兴，益信欲救中国，须从教育着手，而中学居小学与大学之间，为培养救国干部人才之重要阶段，决定先行创办中学，徐图扩充。"

张伯苓和严修二人回国后的第一件事，就是将家塾变为公学，开始招收新生，成立中学。

百年巨匠
张伯苓
Century Masters
Zhang Boling

第四章
立业南开

1904年9月18日的《大公报》上，一则名为《民立中学堂招考启》的招考启事引来无数人的围观和热议：

启者：本学堂借文昌宫西严宅开办，一切课程切按《奏定学堂章程》办理，以五年为毕业期。学生毕业后，得与官学堂一律给与出身。兹已聘定教务长一人，正、副教员数人，分门教授。拟招考十五岁以上、二十五岁以下学生八十人，以已通汉文者为合格，其兼通英文、算学者亦一律收录。每人每月纳学费三元。凡有愿来堂肄业者，望于八月二十日以前开具姓名、年岁、住址、三代，及曾读何书、曾习何科，并引保姓名，至文昌宫西严宅投报注册，听候考验。九月初即拟开学。此白。

附录：《奏定学堂章程》中，学堂课程课目、学科目凡十二：修身、读经、中国文字、外国语、历史、地理、算学、博物、物理及化学、法制及理财、图画、体操。

招生启事中除了传统学堂里的课目，还出现了外国语、历史、地理、算学、博物、物理、化学、法制、理财、图画、体操，那个时代鲜少出现的新词在泛黄的竹浆纸上显得格外亮眼。众多家长、学子或充满好奇或满怀期待地前来投考，希望在新学里寻到一条光明之路。

张伯苓等人一边开展招生工作，一边进行开学前的筹备工作。校舍选定了严宅的偏院，在院里开出了几间房作为教室。严修资助了改建费和校具费用，王馆的王奎章出资为学校添置了书桌、书橱等基础教学设施，还将自己从海外买来的理化仪器、部分外文书刊捐给学校，作为学生的教辅资料。学校的日常开销由严、王两家共同负担，两家每月各出银一百两作为学校的经营费用。

28岁的张伯苓从私塾先生的岗位上卸任，成为学校的掌舵人，担任学监，即校长，负责学校的整体工作，操办学校的各项事务。

学校任命华午晴、王锡瑜、李士棵任学校执事，王益孙之弟王春江帮办校务，吴芷洲、胡玉荪等人为教员。此外，学校延续聘用家馆时期就在校担任科学及英文教员的天津基督教青年会干事饶伯森（C. H. Robertson）和霍克（Walker）等美国籍人士。

学校设立5年学制，学生每月缴纳3元学费，接受修身、读经、国文、英文、数学、历史、地理、博物、物理、化学、生理等课程的学习。其中，修身、读经、国文、历史、地理、博物、物理、生理科目用中文书籍教学，英文读本及文法、外国历史、外国地理、数学、代数、几何、化学科目用英文书籍教学。

1904年10月16日，严宅的这所偏院有了新的名字，院墙上挂了一块木牌，写着"私立中学堂"。这次报名应试的学生有90多人，20多人未被录取，最后学堂择优招收了新生73名。

第二天一早，私立中学堂正式开学，包括原来的严、王两馆在内的学生们穿过狭长的胡同，来到了新教室。他们按照学校的分配，分别走进了三个普通班和一个高级师范班，开始了新学期的第一课。

学堂的校舍十分简陋，甲班教室是一间长约二丈多、宽约一丈多的矮小平房，可容纳学生二十余人，教室里有十几张书桌，每张桌子配有一张条凳供两人同座。乙班教室与甲班教室相连，大小与甲班相

天津第一私立中学堂

近。丙班在院中的罩棚里,罩棚可容纳七八十人,两边还陈列着一些张伯苓从日本购买来的仪器。

在第一期的学生中,就有张伯苓的胞弟张彭春,他在《南开是怎样创建的》一文中回忆了这段中学生活:"进入了这所新型学校,我被分配在第一班。一班的学生年龄十分悬殊。许多人比我受过更长期的旧教育,他们在古典文学方面确有研究,但是当时他们也不得不置身于这个新型体系中来学习其他的必修课程。"

就这样,私立中学堂开始在新的教育制度中运转。学生们在浓郁的"中西结合"的教学氛围中一边学习先进文化知识,一边学习传统的礼仪修养。张伯苓的办公室是十分局促的半间小屋,只能坐两人,几乎容不下第三个人。学生们每天上学放学都要经过校长办公室,他们路过时会立正,向校长鞠躬行礼,校长点头后,他们才能离开。

张伯苓也为学生们上课,他声如洪钟,总是操着爽朗的天津口音，风趣诙谐地给学生上课。他讲课时常用"顶""干""坚持最后五分钟""最后一拳"等词，配上一些肢体动作，显得十分有趣，不时引起阵阵笑声和掌声，学生们都爱听他讲课。

此外，张伯苓每周还会在罩棚里进行一次全体学生训话，给学生们讲学堂的宗旨和对学生的希望，激励学生刻苦学习，他也常常谈到国际形势和国家大事，讲到甲午海战、"国帜三易"等历史，启发学生思考家国问题，让学生了解世界，同时看清当下局势。

当时的读书人里还在流行宽衣博带的斯文做派，张伯苓敢于破除传统积弊，在学堂里大力倡导体育运动。他亲自教学生做体操，与学生一起踢球、跑步，还把天津基督教青年会的外国人请来指导体育活动。

1905年1月，第一学期结束后，私立中学堂应严修先生之意，更名为"私立敬业中学堂"。2月10日，《大公报》公布了天津各学校的教育情况，在39所学校中，敬业中学堂榜上有名，并且是其中唯一一所私立学校，其优质的办学情况收获了天津各界人士的好评。

在敬业中学堂中，张伯苓重视知识教育，也重视爱国教育。他的爱国教育课堂不止在学堂里，也在他们身处的现实世界。

当时，美国强迫清政府签订了歧视华人的《限禁来美华工保护寓美华人条约》。到1904年12月，10年禁约期满后，美国政府规定排华法案无限期延长，引发了国人和海外华侨的愤怒，全国由此掀起了一场抵制美货、要求废止苛约的反美爱国斗争。

1905年6月10日，为响应上海抗议美国续订禁止华工条约之事，张伯苓与胡家祺、陈宝泉、高步瀛、俞明谦等一批教育界名家在天津《大公报》上发表了《敬告天津学界中同志诸君》，抗议美国续订禁止华工条约，号召学界抵制美货，并将此事用作敬业中学堂学生修身课程的内容。

《敬告天津学界中同志诸君》中写道："沪上抗议美人续订禁华工条约之议，不一而足。足见我同胞激发公愤，各殚精戮力，以筹抵制，不胜翘企俛祝之至。我津自鉴于庚子幡然兴举爱国合群之论说，日灌于脑而溢于口，际此茕茕侨民含辱海外，我辈无力与争，已深玷我国民之名誉而大负我国民之责任。似此力筹抵制，正宜表发同情，将验吾学界有猛进之精神。卜吾国家有独立之性质者，断查今日，所望学界人务一律勿购美货。并祈各学堂监学、教员、执事诸公曰：以此说作修身科材料晓谕生徒，彼得传知各亲族戚友，以冀遍及。其美货之名目、牌号，刻已恳友调查。俟稔其详再行登载。倘得坚于持久，不堕初志，则吾学界幸甚，吾国家幸甚！此启。"

9月2日，中国的教育发生了划时代的巨变，光绪皇帝下诏："自丙午（1906）科为始，所有乡、会试一律停止，各省岁、科考试亦即停止。"中国延续了一千多年的科举考试制度至此结束，新学时代来临。

1906年，敬业中学堂更名为"私立第一中学堂"。学堂建立之初，为了培养师资，还设立了师范班。高级师范班的学生经过两年的学习，有4名优秀学生在毕业时获得了由学校出资前往日本留学的机会，另有4人留校任教。私立第一中学堂逐渐以优质的教学资源和教学成果在天津打出了名气。

清朝学部在调查天津私立第一中学堂之后，在《学部官报》第二十期上发布了评语："理化器械设备尚完全，学生成绩颇佳，英文程度尤优，教科用西文教授者，皆能直接听受，监督、教员均极热心，日求进步，用费亦甚节省。"

随着学堂声誉日盛，前来求学的人越来越多，小小的严宅偏院显得过于局促，难以接纳过多的学生，张伯苓等人开始为筹建新校舍而多方奔走。学堂的教学理念和张伯苓等人的办学精神打动了天津的许多开明绅士，一些热心教育的人士开始仗义相助。

曾留学日本的天津教育界人士郑菊如先生代表其家族，捐助了天津城西南的南开水闸旁的十余亩空地，用以扩建私立第一中学堂。后来经过张伯苓交涉，将此地换为电车公司附近一处俗称"南开洼"的地方。严修、王益孙、徐世昌、卢木斋、严子均几人共助银二万六千两，修建新校舍。

8月20日，新校舍开始动工，开始修建教学楼（东楼、北楼）、围墙和平房。1907年，学堂新校址在生机盎然的春季顺利完工，2月13日，私立第一中学堂迁入南开洼新校址，学生人数增至150余人。

《天津青年》（*Tientsin Young Men*）杂志发文称赞张伯苓为中学堂迁校所做的贡献："这所好校园将会成为私立中学堂校长张伯苓先生之热情和精力的纪念碑。"

"洼地"的天津方言为"开洼"，南边的洼地就被称为南开洼，简称"南开"。私立第一中学堂的新校因地处南开，故更名为"南开中学堂"。

1908年7月10日，南开中学堂迎来了第一届毕业生，梅贻琦、张彭春、喻传鉴等33名毕业生走入礼堂参加毕业仪式。直隶提学使卢木斋为毕业生颁发文凭证书。严修在所写的《天津敬业中学学生毕业训词》中回顾了建校的艰难历程：

"本堂起源由伯苓先生教授鄙人家塾始，当时从学者仅鄙人子侄及亲友少年数人而已。逮兴学诏下，同人慨然以变家塾设学堂为志，经伯苓先生苦心经营，及王君益孙热心赞助，始改为敬业中学堂。然当时仅就寒舍略加修葺，勉强开学，诸多未备，嗣王君与鄙人恐规模

1907年中学堂迁至南开洼新校址

狭隘，不足以提振学风，各竭绵薄，力图扩充，复藉袁宫保、徐制军诸公之提倡赞助，始成斯校。今日学额渐增，诸生适于斯时学成毕业，岂惟本堂师弟之光荣，揆诸同人设学之初志，亦可谓无负者矣。"

最后，严修对即将离开学堂的毕业生们提出了殷切的希望："诸生今日中国少年之一部分也，勉之勉之，勿志为达官贵人，而志为爱国志士。鄙人所期望诸生者在此，本堂设立之宗旨亦不外此矣。"

1911年3月，直隶提学使傅增湘将天津客籍学堂和长芦中学堂划归南开中学堂，并将客籍学堂每年2800余元的经费和长芦学堂每年银8000两的经费一并划归南开中学堂使用。此后，南开中学堂的一些私人捐助款项陆续停止或减少，公款比例大大增加，但学堂的性质仍属私立。南开中学堂在不断发展壮大的过程中声名四起，张伯苓的教育事业随之进入一个新阶段。

百年巨匠 Century Masters

张伯苓 Zhang Boling

第五章

奥运三问

渤海之滨，白河之津。天津早在19世纪60年代就被开辟为对外通商口岸，成为中国与世界交流互通的窗口，近代西方体育也较早地传到了天津。田径、体操、足球、篮球、棒球等近代体育运动率先在天津开展起来，随后传向全国各地，天津由此成为中国近代体育的重要发源地。

南开中学堂的新校开工没多久，学堂的师生们就迎来了天津第四次青年会运动会。张伯苓担任裁判员，还捐助了奖品。青年会运动会是天津青年会发起的天津学校体育联合运动会，天津青年会自1895年成立后，就以"辅助青年于体育、智育、德育及交际上日有进益，勉为高尚完美人格以服务社会"为宗旨，积极推广篮球、乒乓球、网球、羽毛球、足球等西方体育运动。

1906年10月21日，天津第四次青年会运动会正式开始。私立第一中学堂、官立中学堂、杏花村小学堂等12所学堂共同参加，运动会较往年相比更加隆重，约有五六千人观看比赛。掷12磅铁弹、跃高、跃远、阻物赛跑、倒行50码、衔鸡子羹匙赛跑、植竿跃高、囊中赛跑、抬果赛跑、拉绳等项目包含其中。

张伯苓看着学生们在赛场上的运动风采，十分欣喜。他在运动会上发表演说，鼓励青年们积极运动。有着体育强国之梦的张伯苓对学生的身体素质非常重视，运动会带给他的不只是瞬间的热血澎湃，还有一些体育教学思考。严修后来在1907年10月20日给侄子严约敏的信函中写道："张师谓：学堂师生宜有高尚适当之运动，此语胜吾一筹。"

当时，中国受社会经济的制约和运动场地的限制，体育在学校里和音乐、劳作、美术一起，被贬称为"小四门"，不受重视。张伯苓一直坚信"强国必先强种，强种必先强身"，在学堂里大力推广体育活动。学堂在早期时没有体育课，张伯苓就提倡开展课余体育活动，做到人人上操场，鼓励青年学生积极参加体育比赛。

1907年12月，南京举行了江南第一次联合运动会，又称"宁垣学界第一次联合运动会"，这次运动会规模空前，开设了69个比赛项目，是清末最大的一次校际运动会。全国80余所学校各自组成代表队，张伯苓则率领南开的11名学生出征，加入到了激烈的竞赛中。

张伯苓带队到达南京后，队员们就立刻进入了比赛状态。由于舟车劳顿，加上没有多少时间来休息调整，队员们的体力还没恢复，在预赛上没能取得理想的成绩。在跳高比赛中，队员的身体虽已过杆，但常因脑后的辫子扫到横杆，最终功亏一篑。队员们深感头上的辫子像旧时代的枷锁禁锢着他们的身体，让他们无法在赛场上尽情拼搏。

第二天，队员们纷纷剪掉了辫子，光头登场，瞬间吸引了全场的目光。毫无束缚的他们开始全身心投入比赛，结果大为奏效，队员们最终逆转了颓势。

张伯苓深知体育对运动者在身体和精神上的积极作用，他从南京回到天津后，继续大力推动天津的体育运动，积极促成南开和当地学校、社会组织的运动会。

1904年，第三届奥运会在美国圣路易斯举行。最先得到消息的天津基督教青年会的美国体育干事向张伯苓介绍了奥运会的盛况。

张伯苓在天津学界第五届联合运动会闭幕典礼上讲话

张伯苓第一次听说奥林匹克运动，就被深深震撼了。奥运会所倡导的体育竞技精神，引发了张伯苓的强烈共鸣。他敏锐地认识到奥运精神的可贵，奥运会所倡导的公平竞争精神和道德理念正是国人所需要的。

1907年10月24日，在张伯苓大力推动和促成下，南开中学堂与天津基督教青年会合办了天津学界第五届联合运动会，张伯苓在闭幕典礼的主席台上，向懵懂的国人发出了投身国际奥林匹克大家庭的先声。

他介绍了古代奥运的历史和现代奥运的复兴，随后满怀激情地呼吁："此次运动会的成功，使我对吾国选手在不久的将来参加奥运会充满了希望。去年雅典奥运会期间，虽然许多欧洲国家奥运选手技术水准很差，得奖希望渺茫，但他们仍然派许多选手参加。照此看来，我国应立即成立奥林匹克运动代表队。"

张伯苓向中国运动员提出了建议，认为中国运动员有可能成为世

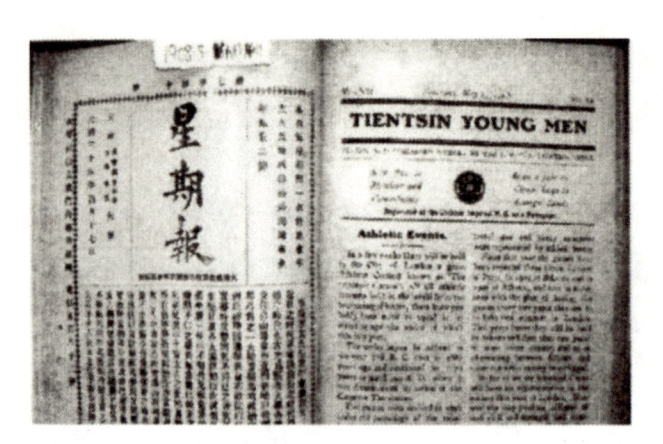

英文刊物《星期报》刊布张伯苓雅典奥运会的相关演讲内容

界上最好的运动员,此时的张伯苓已有计划从美国聘请一位奥运会冠军来中国做指导,并在争取早日实现这个计划。

这篇精彩的演讲被天津青年会所办的英文刊物《星期报》全文刊发。张伯苓向全世界表达了中国希望参加国际奥林匹克运动的美好愿望,成为中国历史上明确提出中国应参加奥运会,并为之付出实际行动的第一个中国人。

由此,张伯苓演讲的内容和体育强国的梦想凝练成为历史上经典的"奥运三问":中国何时能派人参加奥运会?中国何时能在奥运会上夺得冠军?中国何时能够举办奥运会?

中国的百年奥运梦,从此踏上了漫漫征途。"奥运三问"是民族图强的一个思想指引,每一问都寄托着中国奥运先驱们希望国家和民族真正屹立于世界,成为国际强国的殷切期盼。

1908年9月,张伯苓当选为直隶省的代表,去美国华盛顿参加世界第四次渔业大会。会后,他顺道考察了美国的教育。

张伯苓来到美国马萨诸塞州伍斯特市,参观了市立医院、公立学校、基督教青年会和少年活动中心，还参观了哈佛大学、韦尔斯利女子学院，对美国在国民教育、德育、慈善和身体健康等事业的服务政策展开了全面调研，并在美国基督教青年会华盛顿分会和普林斯顿大学进行演讲。11月4日，张伯苓离开美国，去了欧洲。

张伯苓来到英国时，恰逢伦敦举行第四届奥林匹克运动会。他亲临现场观摩了盛大的奥运会，在奥运会现场强烈地感受到了竞技体育的精神和魅力。

张伯苓（1908年摄于美国）

1909年1月，张伯苓一回国就迫不及待地向南开的学生们介绍这届伦敦奥运会的盛况，引发了学生们对奥运会的浓厚兴趣和无限向往。

10月9日至13日，南开中学堂与天津府中学堂、普通中学堂、天津基督教青年会联合举办了第五届年度运动会。在天津西南体育场的发奖大会上，张伯苓以《中国与国际奥委会》为题，向与会人员介绍了伦敦第四届奥林匹克运动会及奥运会的相关信息，推动了奥林匹克运动在中国的传播，进一步激发了青年学生投身体育锻炼的热情。

这一年，张伯苓成为天津青年会第一届华人董事会的成员。在青年会这个推动体育运动发展的平台里，张伯苓放开了手脚，将全国的体育运动赛事推向了一个高潮。

1910年，张伯苓联合上海、天津等地热心体育的人士共同发起了全国学校区分队第一次体育同盟会（简称"全国学界运动会"）。上海基督教青年会体育干事埃克斯纳担任筹备会会长，张伯苓出任大赛总裁判长。

这场大型运动会受到现代奥运会的启发，借鉴了1900年法国巴黎奥运会和1904年美国圣路易斯奥运会的经验，采用了"奥运会+博览会"的模式。南洋劝业会在南京举办，打算将一次盛大的运动会放在博览会期间举行，第一次全国学界运动会应运而生。

9月，天津青年会《星期报》第十期刊载了《全国运动会先声》，一场真正意义上的全国运动会即将拉开序幕。

> 各部须先各举运动会，以便挑选精锐者为各部之代表。各部所派之队当于南京比赛。其所拟运动之秩序，开列于左：
>
> 第一次运动会，专为各部体育之领袖比赛。
>
> 第二次运动会，专为各部中等学堂比赛。
>
> 第三次运动会，专为高等学堂比赛。此次不分部分，惟各高等学堂倘为三人以上者，则不得预赛。
>
> 第四次，开全国网球会，各学堂或各会所派之代表，皆可预赛。
>
> 第五次，开全国篮球会。
>
> 第六次，开全国杖球会。
>
> 此次为全国第一次全国运动，关系匪轻，且此次运动会为日后万国运动会之基础。按泰西各国每逢四年举行万国运动会，每次运动各国皆派有代表，惟中国独无，可耻孰甚！

1910年第一届全国运动会运动员

  尚望吾辈等青年勉力为之，为吾中国奋尚武精神，不致为外人所轻视，则幸甚矣。

  现北洋学界对此举甚注意，公举委办三人：一为官立中学堂监督王君梦臣，一为私立中学堂监督张君伯苓，一为本青年会总干事韩君慕儒，预备挑选各学堂体育代表学生赴会与赛。

  运动会在博览会广场举行，广场是一个两英里长的赛马道，共有100码和220码跑道16条。此时，中国的竞技体育才刚刚起步，张伯苓等人发起这次运动会，就是为了让中国的体育比赛尽快与国际接轨、与奥运接轨。作为总裁判的张伯苓和其他组织者一起，制定了接近奥运会标准的比赛形式和规则，甚至还把比赛过程中的发令语都换成了英文。

  1910年10月18日，全国学界运动会隆重开幕，来自华北、华南、上海、南京、武汉和香港等地区的运动员约140名，他们佩戴着不同颜色的标带走进了运动场，开启了田径、足球、网球、篮球四大竞赛项目的精彩赛事。

运动会分为公开赛和校际赛两部分，约有40个中等和高等院校参加了后一种校际赛比赛。张伯苓带领直隶天津各学堂的16名学生，参加了专为各部中等学堂设置的比赛。

次日上午，中国历史上第一次全国性的足球比赛鸣锣开赛。当时的新闻报道用"摩肩接踵，无虑数千""沪宁铁路之火车，乘客充阗，为自来所未有"等文字记录下了比赛期间的盛况。

10月22日，为期5天的运动会圆满落幕。张伯苓和天津的参赛学生满载而归，收获了6个冠军、3个亚军、1个季军。当天的《大公报》报道了他们胜利归来的喜讯："闻直隶共得奖品大银杯三枚，金银牌二十余面，颇极一时之荣耀。盖北方少年向不知讲求运动，近数年来已知是之发达体育前途还有未可限量者。"

全国学界运动会让更多的国民知道了奥运会，初步了解到奥运会的规则，是一次对中国国民的奥运启蒙，有人称之为"奥林匹克运动在中国结出的第一个硕果"。

全国学界运动会原本只是南洋劝业会的一个附带集会，运动会期间，每天都有4万人次前来参观，成为中国历史上全国规模的第一次体育盛会。这次运动会已经有了近代大型运动会的雏形，为后来的体育比赛奠定了大型运动会的举办基础。在民国成立后，这次运动会被追认为第一届全国运动会。

运动会结束后，张伯苓与唐绍仪、伍廷芳、王正廷等人在南京发起成立了"全国学校区分队第一次体育同盟会"，该同盟会日后发展成了中国全国体育运动的领导组织——中华全国体育协进会。14年后，中华全国体育协进会正式成立时，仍决定以第一次全国运动会开幕日"10月18日"作为该组织的成立纪念日。

大众在了解现代体育和体育精神的同时，也在逐步改观对体育的认知。中国的竞技体育和体育教育正在经历蜕变,此时的中国社会也在经历翻天覆地的变革。

1911年10月10日,武昌起义爆发,推翻清朝专制统治、建立民主共和的辛亥革命由此拉开序幕。1912年元旦,孙中山出任中华民国临时大总统,在南京成立了中华民国临时政府,建立了共和政体,中国两千年的封建君主专制制度退出了历史舞台。

1912年1月19日,民国政府发布《普通教育暂行办法》,规定学堂改称学校,监督改称校长,"私立南开中学堂"因此改名为"南开学校"。这年4月,学校开学,正式以"南开学校"之名立世,张伯苓亦开始以南开校长之名在民主共和的新时期继续前行,开启了他的"南开系列"时代。

百年巨匠 Century Masters 张伯苓 Zhang Boling

第六章 如日之升

民国成立后，张伯苓对教育事业感到更为乐观，积极推进着南开学校的教学，连年增加经费，购置新地，扩建学校。1914年，直隶省工业专门学校和北洋法政学校两校附设的中学班并入了南开学校，南开学校的规模还在逐年扩张。学生人数已从最初的几十人增加到五百多人。

张伯苓每天乘人力车上班，无论刮风下雨，都会准时到校。学生把校长当作自己的父兄，亲切地称他为"大校长"，一是出于对他的尊敬，二是因为他的身高将近一米九，总给人一种巍如泰山的感觉。

在学生们心中，这位大校长是和蔼可亲、平易近人的。他总是留着平头，穿着蓝布大褂，热天则穿一件夏布长衫。他只有出席一些重要场合时，才换上那件缎子长袍。

中午用餐时，张伯苓在学校饭厅和学生、教职员一起吃饭。八人一桌，每桌摆上四盘有荤有素的菜。张伯苓常常建议把四盘菜按时针走向挪动，免得一道菜总停留在一处。大家都知道他爱吃鱼，每当鱼这道菜挪到他跟前时，大家就不再挪动了。张伯苓还风趣地说："不能因为我爱吃鱼，就全让我一个人吃了啊！"

南开学校的修身班大半由校长张伯苓来主讲。1914年4月29日，张伯苓在修身班上为学生们讲到了"三育并举"的理念："余今所欲言者，为最要事，诸生其注意。近日屡感触于社会之恶习，益觉中国前途之可惧。夫中国当此千钧一发之秋，所恃者果何？在恃教育青年耳。教育一事非独使学生读书习字而已，尤要在造成完全人格，三育并进而不偏废。故凡为教育家者，皆希望世界改良，社会进步，抱不足之心，求美满之效。我国当教育青年之任者，诚能实行若此，则中国或可补救于万一。"

德、智、体三育并进是张伯苓一以贯之的教学理念，更是南开学校的一大特点。张伯苓警醒学生的这番演说，被刊登在这年10月的《敬业》杂志第1期上。杂志的主编，是入校一年多的学生周恩来。

1913年，15岁的周恩来随四伯父周贻赓来到天津，于这年8月考入南开学校，编入乙三班（后改为丁二班），开始了4年的中学生活。

周恩来喜欢文学、历史，对政治和数理也很感兴趣。他学习成绩优异，国文和数学成绩尤其突出。文思敏捷的他写作时不打草稿，提笔直书，文章一气呵成。学校的大部分课都用英文讲授，刚入学时，周恩来的英文略显欠佳，他后来经过发奋攻读，不到半年就追赶上来。周恩来多次在班级、校级考试和竞赛中夺得优胜，各科成绩都名列前茅，但这位品学兼优的学生常常因经济困难而犯愁。

那时，周恩来和弟弟周恩寿的生活开支都依靠伯父的月薪，兄弟俩过得十分拮据。有一段时期，弟弟因经济实在困难，只能失学在家。周恩来为了减轻伯父的负担，总是省吃俭用。他周一到学校时常带一罐炸酱，有时吃不起学校的伙食，就在校门外的小摊上吃一碗白水煮豆腐充饥。他课余和假期还会去做一些兼职，赚取一些生活费。

学校为了帮助经济困难的学生，特意为一些贫困学生减免学费，提供在校勤工俭学的岗位，帮助他们减轻负担，专心学业。周恩来入学的第二年，学校就免除了他的学杂费，他也成为南开当时唯一的免费生。

张伯苓得知周恩来的情况后，安排他做一些抄写讲义和刻蜡版的工作，让他获得一些收入，还委任周恩来担任校长室的助理秘书。

张伯苓非常关注刚入学的新生，担心他们背井离乡来到这里上学会有思乡病，一时难以适应。张伯苓花了很多时间和学生们相处，引导他们尽快融入新的环境。他常常早晨到洗脸房去看学生们洗漱，教一些乡下来的孩子刷牙，或者跟学生们一起到操场跑步。到了周末，他会和学生们促膝长谈，为他们开解心中忧愁。在这个过程中，张伯苓认识了所有新生，在学校的学生不满千人时，他能喊出大部分学生的名字。

张伯苓经常邀请学生到家里吃饭、谈心，夫人王淑贞亲自下厨为孩子们做饭，张伯苓还风趣地说："以前学生少，可以常请他们来吃饭，现在学生多了，一顿就把家里吃空了。"

张伯苓一面说着这些话，一面乐此不疲地请学生来家里吃饭。周恩来也是张校长家里的常客，他在张校长的家宴上吃到了天津人最喜爱的贴饽饽、熬小鱼，他在毕业后还一直对校长给他熬的小鱼记忆深刻。

周恩来的同学后来回忆："周恩来是一个非常好的学生，并积极参加了各项课外活动。他忠实执行南开教育原则，在德育、智育、体育上全面发展自己，以便在将来为国家发挥管理的才能，而张伯苓很快成为周恩来的崇拜偶像，周恩来也很快变成张伯苓最好的三个学生之一。他们保持终生友谊。"

在张伯苓德、智、体三育并举的教学理念下，南开学校为每一个学生都提供了全面发展的平台。周恩来在课堂上学习丰富的知识，在课外阅读大量国内外的报刊和书籍，有宣扬爱国民主思想的《民权报》《民立报》《大公报》，有《史记》这些中国古代典籍，还有西方启蒙思想家卢梭的《民约论》、孟德斯鸠的《法意》和赫胥黎的《天演论》等外国著作。

1914年3月5日，周恩来与同班同学张瑞峰、常策欧发起成立了以"以智育为主体，而归宿于道德，联同学之感情，补教科之不及"为主旨的敬业乐群社团。

这天晚上，周恩来、张瑞峰、常策欧三人带着敬业乐群会的会章来拜谒张伯苓，向他汇报成立该会的原因。张伯苓支持他们的想法，提出让敬业乐群会接管三育竞进会，把三育竞进会的原会址改为敬业乐群会的会址。

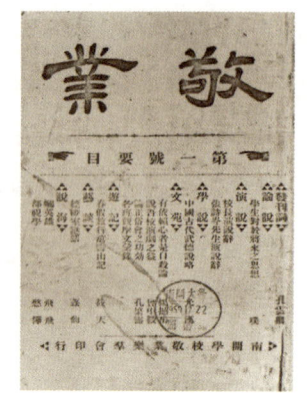

《敬业》杂志第一期封面

3月14日，敬业乐群会在校礼堂召开成立大会，到场者数百人，张伯苓出席大会并代表教员作了讲话，学生们还排演了新剧《五更钟》来助兴。半年后，周恩来等人创办了敬业乐群会的会刊《敬业》杂志，杂志第一期便记下了敬业乐群会成立大会的热闹仪式："是日，会场高悬国旗，中央'敬业乐群会成立大会'字样金光灿烂夺目。校长之勉励，瑞五先生之规箴颂扬，来宾之欣喜，觉此礼堂内尽为融融霭霭之气所充盈。"

敬业乐群会经常组织学术报告会、迎新大会、周年纪念大会、交际大会、茶话会，邀请梁启超、黄炎培、吴玉章等中外名人到会演说，排演新式话剧，组织会员参观学习、郊游和旅行。到了1916年12月，敬业乐群会的会员多达三百余人，几乎占全校学生的三分之一。

南开学校的团体活动十分活跃。1914年，张伯苓组织师生中的新剧爱好者正式成立了新剧团。他对话剧的热衷还要追溯到1909年，中国艺术剧社导演沈刺曾在《重庆南开通讯》上发表了《温馨的回忆》，他在文中回忆了张伯苓邀请他来南开指导话剧排练时对他说的话，张伯苓也谈到了他热爱话剧的缘起："当年，清朝皇帝还统治着我们，我赴欧美考察，接触到西方话剧艺术，我动心了，觉得这是一种'创办教育，造就新人才'的好武器。回国后，我自编、自导、自演了一个新剧——《用非所学》。"

张伯苓还补充说："它挞伐了封建制度，也警示一些读书人休要与那个社会同流合污。"

《用非所学》是一部讽刺性喜剧，故事的主角是去欧美学习工程学的清廷留学生贾有志。他在学成归国后抱有"工业救国"的远大志向，但他空有幻想，不知奋斗，只会高谈阔论、阿谀奉承的他，成了官场上的跳梁小丑。

1909年10月21日，在南开中学堂的五周年校庆纪念活动上，张伯苓亲自登台，扮演话剧《用非所学》的主角贾有志，与时子周、严智怡、严智崇等人一起演出。

校长和学生同台演戏这件事，在清朝末年成了一大奇闻。守旧派指责张伯苓有失体统，张伯苓却一笑置之，坚信话剧是改良社会的利器，是学生练习演讲的工具，是传播学校文化的舞台。

严仁颖在《南开史话》一文中对张伯苓的《用非所学》发表了评论："三十年前，有此佳作，实属空前。而全剧寓意，至今价值仍不稍减，校长诚可谓我国话剧第一人。"

学校新剧团分设编纂部、演作部、布景部、审定部，各部负责人员都由学校师生担任。周恩来担任了布景部的副部长，成为南开新剧团的第一批成员。

1915年10月17日，新剧团的学生在南开学校成立十一周年纪念会上演出话剧《一元钱》，当时的南开还没有女学生，剧中的女角色都由男生反串，周恩来反串饰演了女主角孙慧娟。

这一年，周恩来等人来到北京米市大街的青年会礼堂（后来的北京红星剧场）演出话剧《一元钱》，京剧大师梅兰芳就坐在台下观看，演出结束后，梅兰芳到后台和演员亲切交谈，还特别赞扬了周恩来的表演。

周恩来在后来所写的《本校十一周年纪念新剧一元钱记》里对"新剧感化社会的教育功效"进行了阐述："学校教育在青年，欲联社会与化，则新剧又为此集中利器也，盖改良社会端赖感化劝导之功用，而新剧感人最深，迥非旧剧之以声调音韵胜也。"

此外，周恩来还参演了《恩怨缘》《一念差》《仇大娘》等多部话剧。邓颖超在天津女子师范学校读书时，还颇有兴致地来南开看周恩来演出。

张伯苓非常重视戏剧的教育作用，南开校友张德莱曾在《回忆南开新剧团》一文中写到张伯苓对戏剧的看法："戏院不只是娱乐场，更是教堂，宣讲所，教室，能改革社会风气，提高国民道德。"

有学生撰文《说吾校演剧之益》，把南开的话剧称为"校长张伯苓先生所乐道之精神教育"。

张伯苓强调剧团成员要从实际生活中挖掘素材，反对"闭门"造剧本。1916年暑假，为了编写好剧本，张伯苓亲自带领剧团成员到农村体验生活，最终完成了《一念差》的剧本。

1916年3月1日，张伯苓在南开学校修身班上围绕"舞台、校园、世界"的话题进行了演讲，演讲内容发表在3月6日的《校风》第20期上：

夫一校犹一剧场，师生即其角色（Actors）。其竭虑尽思，以求导人之道及自励之方佳者，亦犹扮角之多为预备也。学生在校，不过数年，将来更至极大且久之舞台，则世界之剧是。

世界者，舞台之大者也。其间之君子、小人，与夫庸愚、英杰，即其剧中之角色也。欲为其优者、良者，须有预备。学校者，其预备场也。

以上三者，事殊而理一。

南开新剧团发展到1916年时，进入了一个新阶段。这一年，张伯苓的胞弟张彭春从美国留学回到天津，担任南开新剧团副团长。张彭春自1908年从南开学校毕业后就与胡适、竺可桢、赵元任等70人同去美国留学，他先后在克拉克大学和哥伦比亚大学就读，获得了艺术教育硕士学位、哲学博士学位。张彭春在留美期间开始潜心研究欧美戏剧，并展现了过人的戏剧艺术才华。胡适曾在《留学日记》中称赞陶文浚（陶行知）和张彭春"两君皆今日留学界不可多得之人才"。

张彭春是最早到国外学习欧美现代戏剧理论的学者，对中国的传统戏剧艺术也有深入研究。南开新剧团在张彭春的带领下接受了欧美戏剧和传统戏剧的艺术指导训练，形成了独具风格的先锋话剧艺术，开启了南开话剧的全新阶段。

戏剧大师曹禺在童年时代就迷恋戏剧，他在1922年考入南开中学后，十分敬佩张伯苓的教学理念，成了学校的文艺积极分子，他很快加入了南开新剧团，受到了张彭春的赏识。曹禺曾在其第一部话剧作品《雷雨》的序中深情写道："我将这本戏献给我的导师张彭春先生，他是第一个启发我接近戏剧的人。"

南开早期的话剧活动正处在我国文明戏向话剧的过渡时期。张彭春最早将西方的戏剧理论和编导艺术移植到南开新剧团，成为话剧艺术的开路先锋，引领着全国的话剧艺术，塑造出我国早期话剧运动南北两个中心之一的北方话剧艺术。

最初的南开中学没有音乐课，但课外活动中有军乐队和唱歌团。学校每次开运动会，都会以军乐队为先导。唱歌团和南开新剧团是同时诞生的，军乐队成立得更早。

南开军乐队的导师陈子诚更是来历不凡。光绪年间，慈禧下令成立洋乐队。陈子诚12岁入清宫，随德国教习学习西洋音乐。每逢大典或接见外宾时，他就要为宫廷要事奏乐。清朝覆灭后，张伯苓高薪聘请了陈子诚来校教学，并成立了军乐队。当时，全国各地还没有哪个学校能拥有如此规模和高水准的军乐队，张伯苓组建的南开军乐队成了民国初年的一个创举。

在清朝刚刚覆灭的那段时间里，南开军乐队每个周末还会在各大讲习所的外面进行演奏，以此吸引民众来讲习所，听反对鸦片、赌博和缠足等封建旧习的宣传。张伯苓每次从国外回来，学校的军乐队总会到车站用激昂的乐曲热烈迎接。场面之隆盛，成为当时天津的一个独特景象。

张伯苓组建军乐队的目的不是为了炫耀，而是想通过乐队的各种活动，塑造学生们昂扬向上的精神风貌，用直击人心的音乐向大众宣传爱国爱民、积极奋进等思想。

张伯苓在严馆教学时期就开始强调体育的重要性，一直不遗余力地推进学校的体育运动。多年过去，他对体育的重视有增无减。南开学校在1907年搬到了天津西南角的南开洼，张伯苓就在当年发出了意义深远的"奥运三问"。当时学校体育教学的主要内容是兵式体操，有专门的体操教师负责训练。

1914年5月,《体育杂志》创刊,张伯苓在创刊号上写下了寄语:"一编示范,万人竞强。鼓勇救国,华族之光。"

同年12月,校刊《校风》第29期刊登了张伯苓在南开修身班上宣布的教学新章:"以前各班在入学二年以后即无体操一门,于体育一道,似不合宜。爰自明年起,无论何班,皆有体操。似在入学二年以后者,钟点稍减耳。"

韩慕侠

1915年,随着校内社团活动日渐活跃,学校成立了体育会,组织学生积极参加体育锻炼。这年冬天,南开学校准备开设中华传统武术课程,张伯苓和校董严修开始留心京津一带的武术名师。就在此时,报纸上刊登的一则消息引起了张伯苓的注意:韩慕侠用中华武术打败日本柔道九段高手东乡平三郎!

这则消息让张伯苓非常兴奋,他当即决定邀请韩慕侠来学校做一次讲座,并在学校增设一门柔术课,请他担任柔术课的客座教师。

韩慕侠出生在全国武术之乡天津静海县,是一位形意拳、八卦掌大师。他自幼习武,先后跟随张占魁、应文天等九位师傅习武。35岁的韩慕侠在学成之后回到天津,创办了以"强身健体、振兴中华"为宗旨的武馆,教习武术,后来还拒绝去袁世凯的总统府担任私人保镖。他兼采百家武风而创独门武技,是与霍元甲齐名的中国近代武林高手,在京津地区的名气颇大。

张伯苓带着十足的诚意亲自登门拜访韩慕侠。韩慕侠非常欣赏张伯苓和严修的教育救国之心,认为张伯苓的教育思想与他"振兴中华"的意愿极为契合,他也知道南开是全国闻名的学校,去南开任教可以推广和普及国术，便欣然应允了。

1916年，南开学校增设柔术（武术）课，韩慕侠担任柔术教员，加入了南开这个大家庭。

张伯苓在南开大力推广强身健体的中华武术，还为此创立了广武学会社团。张伯苓的三子张锡祚在南开学校上学时就是武术社的一员。

韩慕侠所教的众多学生中，周恩来是他的得意门生之一。周恩来参加革命工作以后，到了陕北仍然坚持练习武术和在南开学到的火棒操。他的警卫员孙吉树回忆道："周总理的形意八卦功夫直到建国后仍很深，警卫班练擒拿时，周总理经常给他们矫正动作，高兴时还为他们打一趟八卦掌。"

周恩来从学校毕业后，还一直保持着锻炼身体的习惯，强健的体魄让他在后来的革命事业中长期保持着旺盛的精力。在如今的天津市南开中学校史馆里，一张珍贵的照片真实地记录下了一个画面：延安时期的周恩来在工作间隙仍然坚持练习火棒操。

天津市南开中学的校史馆里还陈列着一座浮雕，浮雕上的两个主角便是周恩来和韩慕侠，两人的这段师生情一直为人们所传颂，在他们的一教一学之间，流露出的是南开学校对学生身体素质的重视。

1916年5月10日，张伯苓在修身班上重点强调了体育的重要性，演讲记录刊登在了《校风》第30、31期上。

> 德智体三育之中，我中国人所最缺者为体育。欧美之道德多高尚，公德与私德并重。我国人素重私德，而于公德则多疏忽，近则于公德亦渐知讲求矣。欧美人之知识发达，学术皆按科学之理得来。我国人固望尘莫及，然其学术发达之

> 年代尚不为久，我国人竭力追之，犹可及也。至体魄，则勿论欧美，与日本人较，已相差远矣。
>
> 去岁袁观澜先生观天津联合运动会，甚以为善，在教育部中竭力提倡课外运动。良以中国人之身体软弱，以读书人为甚，往昔之宽袍大袖者，皆读书人也。今日学校生徒，若非提倡运动，其软弱亦犹昔耳。
>
> 我校运动会取普及主义，近两年来改计分法，上场人甚多，而成绩亦美。今年有数门之成绩尚较去岁华北运动为优者，可见竞争之效也。

在张伯苓眼里，体育的价值不只是强健体魄。8月23日，张伯苓又在修身班上继续深化"德、智、体"三育并举的思想："体育发达非啻身体之强健已也，且与各事均有连带之关系。读书佳者宜有健全身体；道德高者宜有健全身体。"这次的演讲记录被刊登在《校风》第36、37期上。

南开学校的体育从1916年起由单轨制发展为双轨制，体操与运动并行，开始实行"强迫"运动。学校成立了专门管理体育教学和体育运动的行政机构，孟琴襄和章辑五先后担任体育主任，南开的普及性体育活动逐渐蓬勃发展起来。

为了让学生拥有文明大方的仪态，学校特意在大楼走廊竖起了一面大立镜，镜子上镌刻着严修亲笔书写的《容止格言》，要求学生做到"面必净，发必理，衣必整，纽必结；头容正，肩容平，胸容宽，背容直。气象：勿傲，勿暴，勿怠；颜色：宜和，宜静，宜庄"。

这篇用心规范学生形象的《容止格言》在1915年夏列入了《天津南开学校章程》里，此外，学校还把这些规范列为"新生入学须知"第一条。

为了规范学生的学习和生活习惯，南开经过长期认真的研究，摸索总结出一整套科学的方法，整理成了《学生每日生活的正规》，共20条。这套规范在1916年列入了《天津南开学校章程》里：

上午

6点1刻醒来，想想今天应做什么事。（习惯了，到时自会醒来。）

6点半起床，打开门窗，洗脸、刷牙、漱口，饮凉开水2杯。（白开水利大便。）

6点3刻快走或跑至操场，呼吸新鲜空气，做健身体操10分钟。

按时大便一次。

7点20分吃早餐。

食后漱口，休息。

7点3刻整理书籍，预备上课。

8点至12点上课。（努力听讲。中间休息，或做柔软体操，或散步庭前。）

中午

12点午膳。（不要忙，要细细地嚼，食毕漱口。）

12点20分至50分与同伴闲谈笑话。（切不可做剧烈运动。）

1点至1点半做事、休息或散步。

下午

1点半至3点半（或至5点半）上课，中间休息或散步。

3点40分整理用具，饮凉开水2大杯，更换运动衣服。

3点40分至5点努力在户外运动。

5点沐浴，并练习所好之事项。（如音乐、唱歌，或其他课外研究等事。）

6点晚餐。（不要忙，要细细地嚼，食毕漱口。）

6点20分至7点与同伴散步旷野，或闲谈笑话。（切不可做剧烈运动。）

7点至9点半温习本日并预备来日的功课，饮温开水2大杯。

9点半做柔软体操，大便一次，刷牙；想一想一日所做的事，或写日记。

10点安睡。（不要再用心，须一睡即着。）

为让学生养成良好的卫生习惯，学校专门编制了《学校卫生习惯自省表》，让学生参照《学生每日生活的正规》来实行，学生逐日填写，学校每月收阅一次。

美国哈佛大学校长伊利奥博士到南开参观时，见到南开学生的仪容和精神状态极好，与别的学校大为不同。伊利奥博士特意询问了张伯苓，张伯苓把他带到了那面大大的立镜旁，把镜子的箴词详细解释给他听。伊利奥博士很受启发，认为这是南开风教育的一个创新，他回国后对此作了大力宣传。美国洛克菲勒基金会还派人来南开照相，把这个创新性的校风教育刊登在美国的报刊上，对其给予了很高的评价。

1916年，周恩来写下《函索镜影》发表在《南开校风》上，他在文中写道："我校事务室前所悬之大镜及上列格言，原为资警励全校师生之用。前次美人白崔克博士（Dr. Buttrick）来校参观时，睹之甚以为善，令格瑞里先生（Mr. Greene）致函校长，索斯镜之摄影，并请将格言译作英文，同行寄去，以为纪念。藉俟归美时公之彼邦人士。"

在南开学校，一直流传着张伯苓撅烟袋的故事。当时学校里有不少富家子弟，许多学生都有抽烟的嗜好。为了学生的身体健康，南开发布了禁烟令，每逢假期归来，学校都要认真检查学生是否带烟，甚至会检查学生的手指是否熏黄。张伯苓亲自监督，他也常在学校的集会上倡导学生养成不吸烟的好习惯。

有一天，张伯苓批评了一个私下抽烟的学生。那个学生却说了一句："您叫我不抽烟，您干嘛还抽烟呢？"

张伯苓一时语塞，随后就把他的烟袋拿出来撅成了两段，再对学生说："我不抽，你也别抽！"

张伯苓以身作则，带头戒烟。然而戒烟是痛苦的，他在外面见到别人吞云吐雾时，也不由地拿起香烟闻一闻，甚至做梦时梦到了吸烟的场景。后来，南开大学的心理学教授黄钰生和他谈起了弗洛伊德的心理学理论，提到"梦是欲望的满足"时，张伯苓深有同感。

最终，张伯苓说到做到，果真一生都没再抽过烟。他常说："正人者，必先正己。要教育学生，必先教育自己。"

《校风》第18期刊登了张伯苓在1916年1月19日的修身班上的讲话，他向学生强调了学校的教育宗旨和方法："凡事必有一定宗旨，然后纲举目张，左右逢源。本校教育宗旨，系造就学生将来能通力合作，互相扶持，成为活泼勤奋、自治治人之一般人才。英语所谓Cooperative human being者是也。……而精神则在'诚'字、'真'字、'信'字。本校至今办理小有效果者，恃有此耳。诸生日日灌溉此精神之中亦知之乎？汝等新来诸生，亦当如幼稚生之视其前列聪颖者之举动，而注目先来诸生之勤苦者之举动，特汝等现在程度远非幼稚生之比，则努力进步，应亦较幼稚生为甚，如此作去，则九百余人之教授管理，殊易易也。"

出生于美国马萨诸塞州的顾临曾担任美国外交官，后来受聘为洛克菲勒基金捐助的洛氏驻华医社主任，开始在中国发展医学教育。顾临后来与麦克林、胡恒德一起主持了北京协和医学院的早期建设工作。1916年9月14日，顾临访问了南开学校，感触极深的他特意给洛氏驻华医社主任巴垂克（Buttrick）写了一封信，分享了他所看到的南开学校：

> 麦克林（Mclean）和我9月14日访问了南开学校。张伯苓先生引导我们参观并介绍学校。这所学校坐落在美国卫理公会附近，在天津城南门外是由一些简洁的外国风格建筑组成的。该校拥有约100亩土地，市价一亩1000左右的墨西哥元，购买校地的款至今尚未还清。学校有一个很大的操场，用于学生的兵操演练和其他活动，还有不少的空地，可用来建筑。这所学校12年前建立时只有60名学生，现在有950名学生，他们来自19个省份，其中近一半来自直隶；预科为一年的课程，中学四年，大学二年。中学正常班级60—70人，有50名教师，包括3名外国教师，教授英语、德语、生理、历史和逻辑。目前教物理和化学的教师来自天津高等工业学堂毕业生。物理课在中学第三学年，上半年是每周4学时的讲课和实验，下半年5学时讲课和实验（包括讲课3学时和实验2学时）。化学第四年讲授，每周5学时—3学时讲课，2学时试验。物理和化学都用英语讲课。化学实验室

可供 48 名学生同时进行试验，试验操作台有水管，但没有通汽管；生物和生理学没有实验室，用中文教授，这两科专为男生开设。实验楼非常必要。每学年 8 月底开学，转年夏天结束。冬天也有课程，8 月底开学的课到 12 月底结束。

学生宿舍看上去不错，有 350 名学生住在校内，120 名学生住校外租房，无论校内校外的宿舍都有职员监管，其余为走读生。张伯苓先生认为，20 岁以下的男生 4 人住一间宿舍。学生宿舍很大，学校并不要求学生非住校不可。住宿费分为两个档次：每周 4.9 元或 3.4 元。学校每年的经费预算 7.8 万元（相当 3.9 万金币），预算的十二分之五由省政府拨款。

该校没有宗教活动，但张伯苓先生本人是基督徒，每周在大礼堂讲一次道德课。校内有基督教青年会，他们有办公室和书报阅览室。学校还有其他学生组织，如音乐社、文学社等，受到学校鼓励。学校附近有两个学生支持的慈善学校，有一半以上的学生参与服务工作。在这两个贫民义塾中有 40 名儿童，其中一所是附属于南开学校的。

麦克林博士和我都被南开学校深深打动。虽然学校大部分课程都由英语讲授，但看上去并没有大碍。张伯苓先生告诉我们，他的一些优秀学生都对医学感兴趣，他还给我们介绍了一个青年，这个青年学生希望能够进入我们北京的医学学校。

南开学校由张伯苓掌舵，在十余年的时间里发展成为一所学生规模达千人的名校，学校在"德、智、体"三育并举的教学理念下，

张伯苓与南开学校第十届毕业生合影，周恩来（二排右三）为毕业生之一

以科学严谨的教学制度和高水准的教学培养了一批又一批优秀学子。

1917年6月26日，南开学校举行第十次毕业典礼，徐世昌、陈独秀等重要来宾出席了典礼。19岁的周恩来迎来了中学毕业的难忘时刻，他以89.72分的优异成绩毕业，并获得"国文最佳奖"金质奖章。校长张伯苓在毕业典礼上发表讲话后，周恩来代表毕业生致答词。张伯苓听着周恩来的致辞，心中十分欣慰，他后来多次说过："周恩来是南开最好的学生。"

就在南开学校如日之升，耕耘出一片教育坦途之时，校长张伯苓不满足于学校取得的成就和声望，开始挑战难度更高的教育领域。

1916年，张伯苓在南开学校中学部之外增设了专门部及专门科师范班，由刚从美国回来的张彭春担任专门部主任。专门部的设立成为南开学校建立大学的预演，张伯苓开始大笔描绘高等教育蓝图，阔步向大学教育迈进。

百年巨匠 张伯苓 Zhang Boling

第七章 校长变学生

1916年8月,专门部主任张彭春向部里的师生报告了建立大学的构想,提出:"今专门部将改为大学,即系期望诸生深造,后来庶免有心长力绌之弊,而得左右逢源之妙。大学科目有政治、社会、哲学、心理、经济、教育、中国文学、英国文学、历史等门。德文拟定为随意科之一。"

然而张伯苓等人初次试办高等教育就遭受了重大挫折,因校款入不敷出,学校缺乏人才,专门部的英语专门科和高等师范专门班先后停办。张伯苓的大学构想刚刚开始实施就迅速落空,他为此深感挫败。他和严修、范源濂等京津教育界人士多次讨论了创办大学问题,深感创办大学要比经营中学困难得多,复杂得多。

张伯苓很快清醒地认识到,办学经费固然重要,但先进的教育理念、办学模式和管理方法同样重要,开办中学的教育经验并不能直接移植到大学教育中,他必须对外取经,而且是系统全面地学习如何创办和推行高等教育。

张伯苓经过深思熟虑后,决定去往太平洋东岸的美国学习教育理论。他暂时放下了南开学校的校务,进入哥伦比亚大学师范学院研修高等教育。

1917年8月8日,张伯苓从上海出发,踏上了赴美留学的旅程。9月11日,张伯苓抵达纽约,随即办理了哥伦比亚大学师范学院的入学手续,开始了一年的留学生活。

此时的哥伦比亚大学有教职员900余人，学生近万人，是当时美国大学人数最多的学校，哥伦比亚大学师范学院是美国最大的师范学院。杜威、桑代克、克伯屈、孟禄等世界级的教育学大师都在此执教。

张伯苓在哥伦比亚大学师范学院选修了教育哲学、教育心理学、教育史学、教育管理学、教育行政等课程。年逾四十的中国著名中学校长张伯苓成了哥伦比亚大学的一名学生，这件事情在哥伦比亚大学里格外引人注目。著名的进步主义运动先驱克伯屈在9月24日的日记中写道："课程开始了，但教育441（课程名）设在了236（教室），有37个人。他们看上去是一个很好的集体，我想我应该和他们愉快相处。张伯苓是他们中的一位。他是中国中学教育的先驱者，一个国际知名的人。"

张伯苓除了每天到师范学院听课，积极参加学院的实习课程，还会抽出时间深入考察美国的教育。他先后参观了美国大学及中小学近50所，其中特别考察了一些私立大学。他每到一所学校都要"先听其校长谈伊宗旨，教法最新者"，还拜访了许多著名教授，与他们交流讨论中美教育的有关问题，倾听他们对中国教育的看法和改革教育的意见。

1918年5月中旬，严修、范源濂等人来到纽约与张伯苓会合，他们先后考察了葛林奈尔大学、哥伦比亚大学、芝加哥大学、旧金山大学等美国著名的私立大学，对其学制、行政管理、科学设备及图书阅览等情况进行了深入了解。

张伯苓有时会陪严修和范源濂去哥伦比亚大学听课，更多时候是他每次听课回来再把学到的内容讲给严修听。这种方式从7月7日起成为定约，此后，张伯苓每天晚上都要到严修住处给他讲述听课内容。此时已年近六十的严修不辞辛苦地日夜学习，还非常认真地做了

1918年，张伯苓（前排右一）与严修（前排中）在美国考察教育

很多笔记。

《严修日记》中记录："伯苓每日往大学师范部听讲两次，至夕则来复为余讲述。"《严修日记》里记录的张伯苓的讲课就有二十多次，每次都有两三个小时。

张伯苓除了讲解老师教的内容之外，还会结合自己的理解与严修进行交流探讨，张、严师生二人时有切磋和交锋。严修在7月17日的日记中写着："晚与伯苓谈吾国教育，辩论许久。"

1918年12月，张伯苓在哥伦比亚大学以"中国教育"为主题进行了演讲，所讲内容刊登在了《南开思潮》第3期上，他在演讲中强调："中国今日学校课程，因受西方教育影响而改良，能合于孔子时之教育斯可矣。中国人须临大难而不惑之伟人，以引于善道，而谋一己、国家、世界之幸福。中国虽须美国之助，而必自求进步。教青年以益世之道、强国兴家之法，此其所以为世界服务也。"

张伯苓在留学期间比较系统地学习了西方教育理论，深入了解了美国的教育体制和教学模式，转眼间，一年的学习时光过去，归期已至。

哥伦比亚大学师范学院非常重视张伯苓在学校的学习和社会活动，学院决定再次给他1918年6月到1919年2月的荣誉奖学金，支持他继续学习和研究。然而张伯苓归心似箭，他婉言谢绝了学院的好意，决定于11月回国。

张伯苓在1918年9月初就开始为回国做准备，还为南开学校购买了许多教育用品。在美期间，张伯苓为即将成立的南开大学预聘了七八名教师。11月23日，张伯苓和严修、范源濂在旧金山港口登上了"委内瑞拉"号轮船，离开美国，踏上了归途。

12月14日，轮船抵达了日本横滨，张彭春和南开、水产两校的数名留学生前来迎接，其中就有1917年10月来日本求学的周恩来。周恩来为实现"邃密群科济世穷"的远大抱负，毕业后就在师友和同学的资助下东渡日本求学。

张伯苓向留学生们提出他要回去办南开大学，欢迎大家到时候回母校来上大学，他也支持学生们去美国上学，愿意从中帮忙。周恩来听到了母校即将创办大学的好消息，格外兴奋，有了回母校深造的打算。

12月19日，张伯苓、严修、张彭春、范源濂等人从东京启程，于12月24日回到了天津。南开教师及全校学生一千余人还有南开军乐队等候在天津老站，热烈迎回了张伯苓校长和严修等人。

当天下午，南开全校师生在学校礼堂举行了欢迎大会。教职员代表时子周致欢迎词："校长既已归来，本校所有一切烦难问题，尽可迎刃而解，如设大学、添宿舍等，必能次第举办，南开大学之兴当可拭目以待。"

1919年1月25日,张伯苓在河北省教育厅举办的演讲会上为各校职教员做了一次分享,谈到了这次访美之行的所思所想,演讲内容刊登在了《校风》第116期上:

> 予尝谓今后世界上有最大长进希望的国,除了美国,就是中国。国人不可不知。而吾民国在在都没到底。所以图救之道,既须信民国,尤须信教育。
>
> 今后教育当(一)尚实(勿虚)。(二)尚理想(勿妄)。(三)按科学法教之做事,即凡作一事,当先研究,后计划,然后执行,最后则批评之,以见短长。(四)当利用物质,利用科学。去岁大水物质害人,而人不能于事前制之,学科学当学其用法,如观察、试验、公式等,而其原理之价值甚有限。(五)当学组织。先时专制时代,"二人偶语弃市",而如今人批评毫无实验,发不负责任的苛言,不知事理的难易,又是过当。(六)当学社会科学,即打破旧家族制度,而成国家。旧家族可以谓之一堆一块分不清楚,不成民国,今当将此制度打散了,使成个人,然后再合起来使成社会,使成国家。
>
> 若按如此进行起来,个人的进化,团体的进化,必当蒸蒸日上,民国的盛治,可以说后会有期。要想造新民国,不可仿造,当想造,创造。中国当年即非仿造,更当看活了,凡事都要问问是如么?
>
> 如是,则将来中国强,即于世界有关,因将来世界要缩小,中国要涨大。

百年巨匠
Century Masters
张伯苓 Zhang Boling

第八章 难开,南开

中国近代高等教育事业发展的道路是崎岖的，在戊戌变法的百日激荡中，中国第一批近代高等教育学校初具雏形。到了民国初期，教育部颁布了《专门学校令》和《大学令》。《专门学校令》第五条规定："凡私人或私法人筹集经费依本令之规定设立专门学校，为私立专门学校。"

随后，国家实行的一系列教育改革措施让国内的高等教育快速成长，私立大学也获得了一定的发展空间。据统计，民国元年到民国六年（1912—1917），全国陆续成立并经批准立案的私立大学只有7所。

创建私立大学不易，张伯苓虽然初尝了创办大学的挫败之苦，却一直非常坚定地要走通高等教育这条路！

1919年，春节刚过，张伯苓就开始了南开大学筹建工作。2月14日，张伯苓在新学期开学之时发表演讲，提出了筹办南开大学的计划，他计划用半年的时间筹备建校，并阐释了创办大学的用意：

> 南开中学已千余人，事业非不盛，主其事者何乐不可休息休息！抑知此种思想已十分腐旧，教育的事业乃进的，又安有止境一说？先时教育为扬名声，显父母，而今日则迥乎异矣！教育为社会谋进步，为公共谋幸福；教育为终身事业（life work），予于此至死为止。所以必立大学的原因：
>
> （一）现在教育在别一方面言，即使青年合于将来社会的

习惯，加大学即将其习惯加长，使造成益形坚固之习惯。

（二）中学毕业后，直接在社会上做事不足，故需有大学的培养。

此外，仍有一个次要的原因，即国中立的、教会立的大学，虽是不少，然而真正民立的大学却不多见。

对于南开大学能不能开办，京津许多人士都抱以怀疑的态度。罗隆基曾写文道："张伯苓先生这位中国人真特别。北平许多学校正在欠薪欠得一塌糊涂，政府的学校都快要关门了。这位张伯苓先生有什么本事，却要在这时候来办个私立大学，这不是自己对自己开玩笑吗？且看他将来如何吧。"

南开大学开始筹建时，面临着严峻的"三无"问题——无校舍、无经费、无教师。张彭春负责草拟校章，规划校舍。张伯苓和严修开始进京拜访名流贤达，解决经费的问题。

此时的严修已是花甲之龄，他的身体本就不够硬朗，又刚刚经历了丧子之痛，张伯苓原本打算让他多休养些时日，可严老先生主动找到学校来，非让学校给他安置一个办公室，坚持和大家同吃同住，一起筹建大学。

1919年2月16日，张伯苓和严修来到北京，他们在17日见了教育总长傅增湘，商询成立南开大学的事宜，后在六味斋见了蔡元培、胡适和陶孟和，向他们请教办学经验。随后，他们去了山西、保定、南京，游说各地军民长官和教育当局，筹集办学经费。最终，他们募集到经费85000余元。

张伯苓用一部分经费买下了南开中学南面的一块地作为大学的校址，这块地从5月开始动工，张伯苓把修建教学楼的任务交给了华

1919年严修、张伯苓（后排左二）南下筹款

午晴，让他负责督办招标和施工的事宜。敦厚淳朴的华午晴自学过建筑设计，颇为懂行。建设商为了承揽工程，跑到华午晴家里送礼，华午晴立马将他赶出家门，警告他如果再行贿赂，就中断建筑合同。华午晴为了保障工程质量，索性带着铺盖搬去工地住着，日夜监督着工程进度。在短短三个月时间里，一座二层大楼就建成了。

6、7月间，南开发布报名和面试安排，进行统一招生考试，在此期间，张伯苓也在有条不紊地推进教师的招聘工作，他邀请美国哥伦比亚大学的教育心理学博士凌冰回国，担任南开大学部主任，由他负责聘请在国外留学的优秀人才到南开来执教。

《南开日刊》第21号刊登了张伯苓在6月25日向南开学校四年级同学报告的大学筹备事宜，其中提到"凌先生在美时已物色大学教员八位，概系中国人，先后来津"。而他报告的第一条事项便是："本校大学定可成立并有十分把握"。

当年9月，南开学校大学部正式成立，秉持"文以治国，理以强

南开大学招生广告报照（1919年7月1日《南开日刊》）

1919年创办南开大学时的张伯苓

国，商以富国"的理念分设文、理、商三科，学制四年。学校有教职员18人，招收学生96名，其中文科49人，理科19人，商科28人。周恩来再次回到南开，并被张伯苓批准免试保送，进入南开大学攻读文科，成为大学部的第一届学生。

9月25日，南开大学举行开学典礼，中华民国前总统黎元洪、教育界人士范源濂、严修等人以及天津各界名流出席了开学典礼，张伯苓发表致词："南开中学开办至今已十五年，曾拟创办大学部，至第三次始成立，其一、二两次均因故停止，此次虽遇国家多事之秋，已然成立。查中学自成立以来，造就者达一千二百余名，均分赴各国，或已入他处大学者，彼等得南开大学部成立消息，已多数返津又投校肄业。中学学子之希望如此，惟将来能否发达，皆在职教员诸君进行。"

10月17日是南开学校15周年纪念日。南开大学就在这一天召开了正式成立大会,张伯苓担任南开大学校长。由此,张伯苓创造了一个奇迹,当年建校、当年招生、当年开学。

南开大学分设了文、理、商三科,开学之时有96名学生,7名教员,7名职员。但建校初期,学校只有一座二层楼的校舍,楼上办公、上课,楼下吃饭。学校正常运转起来后,张伯苓仍在为持续经营和扩建学校而四处筹钱。

1920年,江苏督军李纯病逝,他在遗嘱中将遗产的四分之一捐赠给南开大学,其家属将元年公债218万元交付南开大学,北洋政府财政部将这项公债抵换整理六厘公债,南开大学最终获得了87万元的捐款,这也是建校以来数额最大的一笔捐款。就在同一年,六河沟煤矿的股东李组绅兄弟答应给南开大学每年捐助3万元。

南开大学基金中有整理债券130万元,1922年,北洋政府财政部开始拨付整理债券90万元的利息给南开大学,每月约有4500元。学校的经济状况逐渐得以缓解。

南开大学成立时,招收的96名新生都是男生,到了1920年秋,南开大学敢为人先,开放女禁,开始招收女学生。天津本地的许桂英考入了南开大学的文科,成为南开大学的第一个女学生。首开全国男女同校历史先河的高等学府是国立的北京大学,南开大学则成为北方私立大学中实行男女同校的第一所高校。

1921年1月,张伯苓在北京香山慈幼院召开了南开校史上有名的"香山会议"。大学部、中学部各课主任和各班学生代表20多人共同参加会议,讨论学校改革的诸多大事。

刚开始讨论时,学生们还有些拘谨,不太敢在老师面前说话,张伯苓却认为教育改革需要学生的加入,学校的建设应该是老师和学生共同的事。随后,学生们逐渐在民主的会议氛围中自由发表意见,积

20世纪20年代初的南开大学女教师和女学生

极讨论学校的改革建设方案。

　　香山会议的第四个议题便是"学生自治",这项提案的理由为"一、造成合于共和国之国民;二、养成自由独立之人格;三、发达个性;四、实行互助"。会议决定先从讲室和柔软操两项入手,开始学生自治的实践,取得成效后,再扩大范围。同时,各班的班长改为值周生,维持学校自治的事宜。

　　整个会议持续了6天,共同讨论的议题约有40项。3月4日,张伯苓在全体教职员会上汇报了这次会议的重要成果:

　　　　此四十议案中,有讨论有结果者,有讨论尚须审查者,有讨论未有结果,待此半年继续讨论者。其中最要之点:

　　(一)校务公开。学校一切事,不是校长一人号令,应大家共同商量,所以要大家同负责任。有了此种力量,才能一致的奋斗,况教育目的不是饭碗,要有高过此的意思。若要达到这种意思，非得全体一致的动作不可，所以校务要公开。

（二）责任分担。全校师生，既是都负责任，必须认定自己的责，尽了自己的职务才行。史梯芬有言："决无一时就好的事，非得除了自己病不可。"我们在教育界做事的，没有贪的机会，但觉努力犹小，要广造新青年才行。然而若造新青年去改良社会，绝不是在书本上就行的，非得以身作则，用精神感动不可。

（三）师生合作。此项决非空说即行，我们此次到西山，有学生十几人。当时学生中有说，学生同去，恐于说话不便。然既同往时，大家一齐讨论，一同饮食、居住，精神是非常之好。盖无形之中即能感动。此后即将此种精神推于全校师生。吾得有暇，以办筹款事务。至于师生校务研究等会，已有《香山会议报告书》，兹不赘书。

香山会议是南开学校创办以来第一次由学校管理者主动组织的教务改革研讨会。张伯苓评价了此次会议的重要价值："在香山前后一个礼拜，所讨论者凡四十议案。精思细想，得有此一大结果。吾不得不感谢诸列席者，研究心之富，办事心之勇，为吾南开辟一新纪元，开一新道路，建一新楼台。"

1921年秋季，南大开学已有18名教员，10名职员，208名男学生，16名女学生。除了文、理、商三科之外，还增加了矿科。随着学员和学科的增多，原有的教学楼和宿舍已不敷使用，现有的校址也难有继续拓展的空间，学校迁址成为一件十分紧迫的事。

1922年3月，学校租下了八里台东北方向的两处永租公地，共计370余亩，开始在天津的这个偏远郊区修建新校。

八里台除了村民耕种的少量稻田之外，到处都是低洼水塘，是一片芦苇丛生的荒凉地带。张伯苓抱着"南开""难开""越难越开"的信念，决心把这片荒原改造成学术乐土。

这一年，张伯苓通过朋友与美国的洛克菲勒基金会取得联系，希望基金会为南开大学提供经费资助。这个基金会在捐款之前，会对受捐对象进行严格的考察。

不久之后，基金会的人决定来南开大学听一堂课，检验一下学校的教学水平。这一堂课至关重要，张伯苓经过慎重考量，将这个艰巨的任务交给了邱宗岳。邱宗岳是美国克拉克大学的博士，他在1921年受聘来到南开大学，担任化学教授。

1922年12月初，洛克菲勒基金会的驻华代表Gee来到南开大学考察教学情况，他听完邱宗岳的课后赞不绝口，给出了很高评价："就是在美国最好的大学里也很难听到这么高水平的课。"

不久之后，南开大学就收到了洛克菲勒基金会资助的10万元建筑费和2.5万元设备费，此后，南开师生们常常戏称邱宗岳"一堂课换来一座楼"。

而洛克菲勒基金会捐款10万元的条件之一就是南开大学要拿出另一半的配套建筑费。随后，张伯苓又向袁述之、袁潜之兄弟二人争取到了7.5万元的捐款。1923年4月，学校开始兴建科学馆，这座建筑面积3900余平方米的三层大楼在第二年得以顺利完工，学校为感谢两方捐助者为该楼取名"思源堂"，意在表达饮水思源之情。科学馆也成为抗战前南开大学理科教学与科研的重要场所。

新的教学楼和第一男生宿舍仅用一年时间就建成了，学校用李纯的字号将教学楼命名为"秀山堂"，并打造了李纯的铜像，以示纪念。

1923年6月28日，南开大学迎来了第一届学生的毕业典礼，经过四年的教学耕耘，南开大学向社会送出了第一批本科毕业生。21位毕业生身穿方帽宽袍的学士学位服，来到秀山堂里的礼堂参加毕业典礼，到会的来宾有300多人，场面十分隆重。

科学馆西南方有一座钟亭，亭内有一个重达1.3万市斤的大铜钟。后来南开大学一到毕业典礼时，就有敲钟纪念的仪式，有多少毕业生，就敲多少次钟。钟声磅礴，声震十数里之遥！

这年9月，南开大学正式迁入八里台新校址。此时，南开大学的学生人数已达326人，教职员56人，学校在原有的文、理、商、矿四科基础上，增设了大学预科。1925年8月，经北洋政府教育部审订批示，南开大学正式立案。

1926年，南开大学的全年预算超过了现洋50万元，学校的运转已有了稳定的基础。南开大学的财政学与统计学教授何廉在回忆录中写道："到1926年，南开大学已经成为中国全国公认的高等学府之一了。它包括四个科——文、理、商业、矿业，学生总数超过了500人。"

南开大学从1922年开始建设八里台新校区，学校逐年扩建，逐步完善，修建了教学楼和师生宿舍，还有操场、篮球场、足球场等体育运动设施。到了1933年，南开大学的校园里已有李纯捐建的秀山堂，洛克菲勒基金会和袁述之家族捐建的思源堂，教育家、藏书家卢木斋捐建的木斋图书馆，还有张伯苓的好友陈芝琴先生捐建的女生宿舍芝琴楼。

最初质疑张伯苓能否创办大学的罗隆基后来也成为南开大学的教授，在学校兼课。他在《我对南开的印象》一文中写道："1931年，我从上海迁到天津。一星期后，到南开大学来演讲。到了八里台，举目一望，一切果然不同了。从前新栽的树，新种的花，果然生长起

早期南开大学校园鸟瞰图

了。台子里居然有秀山堂，有思源堂，有芝琴楼，有图书馆，有实验室；居然有伟大的男生宿舍，居然有丛密的教员宿舍。那时候，我已经在上海几个大学里教过两年书。到了南开，我还没有深究内幕，我就说：'这才是个比较像样的大学呢！'"

柳亚子的儿子柳无忌后来在南开大学担任英文系主任，柳亚子在1934年来南开大学时，被校园的美景所打动，写下了一首诗：

汽车飞驶抵南开，水影林光互抱环。

此是桃源仙境界，已同浊世隔尘埃。

30年代的南开大学，不仅被支河细流所环绕，学校里也是小溪纵横，南北通达，呈现出一派迷人的水乡风光。校内的莲池约有四五处，最大的是南莲池和北莲池。图书馆和科学馆附近各有一处花园，校门口传达室左右，还有十数亩桃园。南开大学的校园很快成了天津的一个风景区，当时流传着一个说法："天津卫三桩宝，永利、南开、大公报。"

百年巨匠 张伯苓 Century Masters Zhang Boling

第九章 名校之路

张伯苓兼任了南开的中学校长和大学校长。南开中学一时找不到合适的主任，他又代理了主任的职务。在南开大学里，除了中文课和中国文学课的教师外，所有的教员都是留美学生，他们的平均年龄在 30 岁左右。学校行政部门的职员大多是南开中学的学生，他们对南开和校长充满了感情，工作的时候也满是干劲儿。

1922 年 3 月 12 日，一个长期令人关注的问题被提到了校董的会议上，董事们纷纷表示："校长薪金太廉，应由大学部月出津贴加入十一年（1922）预算。"

然而这种场面，张伯苓已经历了多次。早在南开中学刚成立的那几年，身兼数职的张伯苓既当校长又当教师，给张伯苓发薪酬的严修在 1907 年 4 月的一封家书中写道："私立第一中学迁居以后，气象一新，事务较前益觉繁重，而张师束脩并未增加，殊觉未安。应自本年正月起，每月按百五十元致送。此所加廉而又廉，仰体张师之意应不致再谦让也。"

张伯苓得知此事后，竟然辞谢了。他考虑到学堂的建设仍需大量资金，为了学堂的长远发展，他拒绝给自己加薪。

到了 1908 年 8 月，严修在张伯苓赶赴美国的国际渔业博览会之前，就自作主张地定下了张伯苓的薪酬："张师每月用度即照百二十元之数，按月致送。"

张伯苓兼任南开大学校长后，在原来中学校长的工资上加了一点大学每月给的津贴，但总共也不过200多元。

1924年时，南开大学评议会议定下的教师月薪标准为：正教授240—330元，副教授160—240元，助教60—150元，而学校请的外籍教师工资更高。

张伯苓在1929年邀请哥伦比亚大学博士阮芝仪来小学做实验导师，月薪就有370元。南开大学的经费比不上国立大学，但张伯苓一直都舍得花重金聘请优秀教师。他只要听闻哪些老师教得好，就会亲自前去邀聘。

耶鲁大学博士何廉

1926年6月中旬，耶鲁大学毕业的博士何廉在回国途中收到了张伯苓向他发出的执教邀请，张伯苓诚聘他担任南开大学财政学与统计学教授，月薪180大洋。而何廉早在离开美国之前，就收到了暨南大学的聘请，暨南大学愿以月薪300大洋聘他为商学院院长。他经过多方考量之后，最终选择了学术活跃的南开大学，于是他重新调整了回国路线，直奔天津而去。

7月，何廉来到南开大学，他在《何廉回忆录》里写下了他初见校长张伯苓时的情景："我刚到达天津不久就去校长办公室拜谒张伯苓校长。他十分热情恳挚地接待了我，而我立即被他的堂堂仪表所吸引。他比一般的中国人都要高大魁梧得多。当时他50岁左右，神采奕奕，生气勃勃。多年来我与他的交往发展到十分亲密的程度，我对他的为人也了解得越来越多了，张伯苓成为鼓舞我工作的动力。他的语言质朴、真诚、恳挚，是个著名的有感染力的演说家。然而在私人交谈中他总是全神贯注地倾听,很少开口,该他说话的时候,他就直截了当地表明自己的观点,回答别人的提问非常认真仔细。他把权力下放给各系教师与行政人员,可是从不逃避自己的责任。尽管他极其节俭,但为了学校花钱他决不怕超过预算允许的范围。凡是为扩展学校而进行新的筹划的时候,资金的匮乏决不会妨碍他把规模设想得更宏大一些,对未来他总是乐观的。"

不久之后,何廉就向张伯苓提出了一个重要建议,他希望在南开大学设立一个研究机构——社会经济研究委员会,社会经济研究委员会不属于任何学科,主要的研究任务是探讨和评价中国的社会、经济和工业的实际问题,使大学中的教学与研究相辅相成。

在张伯苓的支持下,这个提案很快获得了大学校董会的批准。校董会决定从大学1927—1928年的年度预算中拨出现洋5000块作为研究机构的经费。何廉被任命为委员会的主任导师,并兼任商科的财政学和统计学的教授。此后,何廉用一半时间从事教学工作,另一半时间从事研究工作,开启了他最喜欢的教研结合的工作模式。

1927年7月1日,社会经济研究委员会开始在南开大学秀山堂的一个宽敞办公室里正式办公。何廉拿出了自己从美国带回来的英文打字机、数字统计仪,还自己花钱雇了研究助手。何廉带领社会经济研究委员会一面收集与中国经济有关的各种材料,最后整理成《南开中国经济文集》,一面做经济统计资料方面的编制和分析工作。

社会经济研究委员会不久之后改名为南开大学经济研究所,研究所紧密联系社会经济发展过程中的实际问题,深入研究当时中国和天津的重要经济问题,同时,研究所对中国农村经济的研究成果,开辟出了一个新的学术天地,何廉也被称为"我国最早重视农业的经济学家"。1928年北伐成功后,中国进入了国家重建的一个新阶段,研究委员会开始重视工农业发展等方面的问题。

研究所将大部分的研究成果都发表在自己的期刊、论文和教科书上。他们在南大的"统计周报"上发布每周市场和金融信息，还向报刊提供社会经济发展的公用资料。

研究所出版的第一个刊物是《大公报》的统计副刊专栏，研究所在《大公报》上发布了按时间排列的所有国内的重要经济和金融统计数字，并用通俗易懂的语言进行解释说明。《大公报》在中国知识阶层中广受欢迎，报刊发行很广，统计副刊专栏的出版，在中国是首创，引发了一时的轰动，这也使得南开在这一学术领域名声大振。

随后，他们在《大公报》上出版了《每周统计》，这份刊物不久之后更名为《经济周刊》，一直发行到1937年日本人占领了天津。研究所还出版了中英文对照的年刊《南开指数》，从1935年起一直发行到1937年抗日战争全面爆发，《南开指数》成为后来人们了解当时中国经济的重要资料。

1935年，南开经济研究所开始招收研究生，从土地问题、乡村合作、地方政府与财政三个方向来培养研究生，社会经济研究委员会成为民国时期最负盛名的学术研究机构之一。

1932年，张伯苓创办了南开大学另一个颇具影响力的研究机构——南开大学应用化学研究所。他在给研究所取名字时，特别强调了"应用"二字，旨在面向我国工商业实际，重点研究并解决工业生产中的现实问题。这个研究所也成为张伯苓推进科技转化为实际生产力的一种探索和尝试。

张伯苓聘请了美国麻省理工学院化学工程学的两位博士张克忠和张洪沅来主持研究所的工作，他们都是国内化学工程的权威。

张克忠曾是南开大学化学系的毕业生，就在张伯苓筹建南开大学的工科时，张克忠在美国完成了学业。著名化工学教授路易士（W.K.Lewis）很想把他留在身边，而张伯苓也非常希望张克忠能回到南开发展，最终张克忠响应了母校的召唤，成为南开大学应用学科的骨干力量，人们当时还戏称："张校长从麻省理工学院得到了及时雨。"

张克忠加入南开大学之后，肩负起了筹建南开大学化工系和应用化学研究所的重任，他担任系主任和研究所所长，在本科教育的基础上，开办研究生班，招收各个大学的优秀毕业生，进行课堂知识、应用研究和中国工业实际生产相结合的教学，培养高级专门人才。

化学系教授兼应用化学研究所所长张克忠

研究所的章程明确了创立的目的："本所目的，在研究我国工商业实际上之问题，利用南开大学之设备，辅助我国工商界改善其出口之质量，俾收学校与社会合作之实效。"

研究所成立的动机为："（一）扶助国内制造业，代为解决各种化学上之疑难问题；（二）研究外国重要制造事业之成法，使之如何移植于国内，以适于中国环境；（三）以工业上之实际工作训练大学毕业生，藉收在学校中所习之理论科课目，与实际经验互相联结之功效，并发展其智慧与才能，引入创造建设研究之途。"

研究所设有化验、制造、咨询、研究四部，化验部"专代各界分析鉴定各种工商物品"，制造部"以研究所得之新法，自行制造各种物品，其结果备我实业界之采用"，咨询部"专司解答各界关于化学工业上之困难问题"。咨询项目除了涉及商业秘密需要保密的内容之外，其他的一般咨询，都会公开发布，供社会各界参考。

南开大学应用化学研究所是国内最早设立的应用型研究机构，是南开办学的又一特色，成为中国近代大学"产学研"相结合的一个雏形。

1927年8月，张伯苓主持了第八届远东运动会之后，从上海去往东北视察，一路上看到了日本侵略满蒙的野心，所见所闻让他很受震动，他不禁感叹道："不到东北，不知中国之大；不到东北，不知中国之险。"

张伯苓深知"国人欲愿与之（日本）抗衡，必先明了其经营之内幕不可"。于是，他回到南开之后就立即成立了满蒙研究会，该会不久后改名为东北研究会。

研究会分为设视察部和研究部，视察部负责了解日本国情，了解他们在我国东北的侵略情况，针对性开展宣传教育活动。研究部负责收集整理研究资料，进行学术研究工作。

南开大学对东北问题的研究，逐渐得到了各界人士的积极支持。张学良担任了该会的名誉董事，捐出500银元作为研究会的经费。蔡元培、马相伯共同致函张伯苓，表示"研究日本问题与东北现状倍为重要"，并邀张伯苓指导编辑日本与东北问题的丛书。

日本东方通讯社的《京津日日新闻》等报诬蔑东北研究会"乃受'赤化'影响"，张伯苓无惧诽谤之词，他还在校刊上开辟出了"东北研究"专栏，出版"日本问题专号"，充分揭露日本侵略东北的野心与罪行。"九一八"事变发生后，东北研究会立即编写了《东北地理教本》作为南开中学的必修课程。不久之后，学校正式出版了《东北经济地理》，掀起了一阵抗日救亡的热潮。

1928年，张伯苓"以解决中国问题为教育目标"制定了《南开大学发展方案》。他在方案里一针见血地指出了中国大学教育盲目学习西方的弊端，提出了"教育本土化"的重要思想：

> 以往大学之教育，半"洋货"也，学制来自西洋，教授多数系西洋留学生，教科书非洋文原本即英文译本，最优者亦不过参合数洋文书而编辑之土造洋货。大学学术，恒以西洋历史和西洋社会为背景。全校精神，几以解决西洋问题为目标。就社会科学论之，此种弊端，可不言而知。……中国人欲利用中国之天然环境，非有生产的科学不为功。此就科学之实用而言。但实用科学，倘无锐进的理论科学为后盾，其结果不异堵源而求流，且今日国人思想之急需，莫过于科学精神与方法，故吾人可断定，中国大学教育，目前之要务即"土货化"。吾人更可断定，土货化必须从学术之独立入手。
>
> 是故"土货化"者，非所谓东方精神文化，乃关于中国问题之科学知识，乃至中国问题之科学人才。吾人为新南开所抱之志愿，不外"知中国""服务中国"二语。吾人所谓土货的南开，即以中国历史、中国社会为学术背景，以解决中国问题为教育目标的大学。

张伯苓以近十年的大学教育实践，总结出了中国大学教育"土货化"的思想路线。他从解决中国问题的高度，明确了南开大学的教育目标和发展方向：在学校建立适应中国经济社会发展需要的科学知识体系，培养"知中国""服务中国"的科学人才。

1930年，南开大学按照国民政府教育部的规定将文、理、商3科改为文学院、理学院、商学院。同时，学校在理学院增设电机工程学系，不久又成立了化学工程学系。抗日战争全面爆发前，南开大学已有3个学院、12个系和2个研究所。

在南开大学的学术科研教学蓬勃发展的同时，学校的另一个特色教育也在不断取得佳绩，即是南开的体育。

张伯苓很早就接触到了西方近代体育，他在北洋水师学堂时，学习了击剑、拳击、哑铃、足球、跳栏、爬桅等运动。他从执教严氏家馆就开始打破儒雅温吞的传统学者风气，把近代体育带进了学堂，把丰富的体育运动教给了学生。

1917年之前，张伯苓提出"兵式体操"为规定性的体育课程，学生一律必修。从1917年开始，学校每周都要举行一次全校兵式体操会练。

自1919年成立南开大学到1924年之前，南开学校还没有正式的体育班，只规定了每天上午第二、三课之间的10分钟柔软体操为学生的必修科，学满一学期给半个绩点，到了三、四年级，修满三绩点，才能免修体育。

学校规定17岁以上的学生体育考核及格标准为：百码赛跑15秒、40码赛跑1分50秒、跳高3尺半、跳远10尺、4铁球（12磅）18尺。

17岁以下学生的及格标准为：百码赛跑16秒、铁球（8磅）18尺、跳高2尺9寸、跳远7.5尺、440码赛跑1分50秒。

不及格的学生要参加强迫运动，即使成绩及格，学生仍然要选择一项运动进行每日的强化练习。

1921年，学生开始厌烦枯燥而呆板的兵式体操，学校就在体育教学中加入了球类和田径项目，这些有趣的体育运动大受学生喜欢。到了1923年，学校就彻底停止了兵式体操。

1924年后，除了大学四年级外，学校其他各个年级都要进行每周

20 世纪 20 年代的南开大学运动场

两小时的普通体育教学,学生分阶段学习柔软体操及器械体操、各项球术、田径运动等内容。学校的体育课逐渐丰富起来,1925 年,体育课开始教国术(武术),1926 年秋冬,体育课开始教滑冰,学校还建起了滑冰场,出售滑冰券。

20 世纪 20 年代中期,南开学校就有 15 个篮球场,5 个足球场,6 个排球场,17 个网球场,3 处器械场,400 米跑道的大运动场有 2 处,还有单杠、双杠、木马、吊环、吊绳、吊杆、跳箱等轻重器械。学校的运动设施十分齐全,体育课程也更加规范化。

南开陆续邀请了许多体育专家来校执教,1922 年,学校聘请了天津青年会体育部主任董守义担任大学柔软体操的教员,同时负责篮球和田径赛运动的教学,学校因董守义的加入开启了一段极其辉煌的篮球时代。

就在这一年,董守义指导由祝瀛州、刘鸿恩、李世珍、潘景武、邹锡组成的南开男子篮球甲队在天津校际篮球赛中对阵青年会竞进队、新学书院、官立中学、北洋大学校队等，最后成功拿下了冠军。

当时，以孙立人为主力的清华篮球队一直称雄华北，董守义调教下的南开男子篮球甲队在1924年打破了清华队不败的神话，赢得了北区冠军。1924年5月，南开队代表华北区篮球队参加第三届全国运动会，由张伯苓担任领队。南开代表队一路征战，以锐不可当之势赢得了全国篮球冠军，南开篮球逐渐在全国篮坛崭露头角。

1923年夏，董守义去了以体育教育而闻名世界的美国春田学院进修，师从篮球创始人詹姆斯·奈史密斯。1925年7月，董守义拿下了体育学学士学位，回到了中国，张伯苓再次聘请他担任学校的体育指导。

几年前创造过非凡战绩的南开男子篮球甲队的队员陆续毕业离校，南开学校的篮球陷入了人才短缺、青黄不接的局面。南开篮球的实力渐弱，不复当年风采。

1925年，南开大学篮球队和清华学校篮球队打了一场友谊赛，结果清华学校以大比分获胜，南开大学惨败收场。随后，清华园放映了一部电影，电影的开场镜头恰好是一个大纸篓。在中国北方的方言中，"篓子"被用来形容一个人"技艺拙劣，毫无可取之处"。这个消息传到南开学校后，学生们纷纷震动，感到格外憋屈。

重回南开的董守义开始调教南开的篮球队。在南开篮球场上，出现了几个勤练球技的身影，这几个发奋苦练的年轻人就是当时南开中学一年级的学生——王锡良、唐宝堃、魏蓬云、刘建常、李国琛。他们将自发组成的球队取名"篓子队"，相互激励，不忘败北之耻。

在董守义的训练中，南开的学生看到了从未有过的新技术，唐宝堃他们开始日夜苦练董守义亲自传授的小倒手、三角配合、拉角中投与传切，听董守义讲述外国篮球运动的发展情况和运动员应有的体育精神。

1927年，董守义介绍齐守愚来南开担任体育教师，协助自己训练南开篮球球队。此时，董守义已经基本搭建出南开篮球队的成员架构，培养出了王锡良、唐宝堃、魏蓬云、刘建常、李国琛五位篮球主力队员。

1928年，南开中学篮球队击败了南开大学校队，夺得全校篮球联赛冠军，取得了代表学校对外参赛的资格。这支威猛之师在随后的一系列赛事中开始了他们的王者征程。

1929年春，南开篮球队参加了在山西举行的第十四届华北运动会，先后战胜了两支山西球队和冯庸大学队等劲旅，在决赛中战胜了实力雄厚的北京师范大学队，夺得了大学组的篮球冠军。以王锡良、唐宝堃、魏蓬云、刘建常、李国琛五人为主力的南开篮球队声名鹊起。

1929年4月，董守义以技术指导的身份带领南开篮球队一行12人挥师南下，战胜了当时的"上海三强"——上海沪江大学队、西侨青年会篮球队、美国海军陆战队篮球队。连赢三场比赛让南开篮球队轰动了整个上海，他们很快收到了一封来自国外的战帖！

菲律宾圣托马斯大学的冠军队刚刚在日本的系列赛中获得全胜，是当时的亚洲篮球霸主菲律宾的最强俱乐部队。这支菲律宾篮球队在回国的路上途经上海，上海体协立刻出面邀请他们和南开篮球队来一场友谊赛。

最终，南开篮球队以37∶33的比分获胜。观众们激动地冲进场内，把南开队的主力队员高高举起，称赞他们为国争光。

南开篮球队连胜四个篮球劲旅，一时间名声大振。球迷们将王锡良（队长）、唐宝堃、魏蓬云、刘建常、李国琛五名主力球员称为"南开五虎"，将这支球队称为"南开五虎队"。

南开篮球队凯旋，回到天津后，南开师生为董守义颁发了一枚刻有"为国争光"字样的银盾，这个银盾高17.6厘米，宽13厘米，下面刻着"董守义先生惠存""南开学校师生敬赠"的楷体字，正中是隶书"为国争光"四个大字，下方写了一段详细说明："十八年四月率领本校篮球队男篮征战胜沪江西青匹刺堡及菲大纪念。"

1929年冬季，南开篮球队应邀去往大连、沈阳参加友谊赛，对手全是日本队，在比赛期间，出现了有趣的一幕，4个日本人坐在记分桌旁，专心致志地观察着南开队员的技术动作和战术特点，他们边看边记，非常用心。当时大家都以为他们是日本记者，后来才知道，他们是日本的篮球专家，专程赶来刺探南开篮球的实力，为来年在日本举行的远东运动会做准备。

南开篮球队在大连的时候，四天时间里打了三场比赛，南开篮球队大获全胜。在之后的沈阳站，南开篮球队以不败的战绩圆满收官。

天津万国篮球赛在1925年到1928年的三届比赛中，冠军一直都被外国队拿在手中。直到1928—1929年度的第四届万国篮球赛，南开篮球队改写了历史，夺得了冠军，打破了由外国队垄断天津篮坛的局面。

1930年4月，第四届全国运动会在杭州举行，以"南开五虎"为主力组成的天津队以全胜的战绩登顶全国冠军之位。同年5月，南开篮球队又作为主力加入了中国篮球代表队，在中国篮球队教练董守义的带领下赴日本东京参加第九届远东运动会。

"南开五虎"从最早的篓子队起家，经过卧薪尝胆、发愤图强，一路成长蜕变为横扫全国乃至远东的五虎队，创造了一段难以复制的篮球神话。

南开学校除了篮球队声名远扬之外，也培养了实力出众的南开足

威震远东的"南开五虎"

球队、网球队、排球队和棒球队，还有许多优秀的田径运动员。

1931年，张伯苓请来了东北大学体育总教练步起（Baucher）指导田径练习。《南大周刊》还报道说："步氏，德人，为世界著名800米、1500米选手。与去岁曾来津表演之裴采氏同负盛名。步氏不仅精于中距离，对于其他田径赛亦均有相当之成绩与研究，盖彼一极健全之运动家也。步起到本校后由本校短跑家周兆元君招待，于上星期二至五各日分别在大学部及中学部作田径赛方法上之讲演，并实行个人技术上的指导。同学等莫不以一睹步氏风采为快，而对于田径赛则皆受一新刺激，发生新兴趣，而其有新希望焉。"

张伯苓后来于1946年12月23日在上海接受记者采访时说："教育里没有了体育，教育就不完全。我觉得体育比什么都重要。我觉得不懂体育的，不应该当校长。"

20世纪30年代，是张伯苓的大学教育思想日趋成熟的阶段，在几十年的教育探索过程中,"德、智、体三育并举"是张伯苓一以贯之的思想,也是他在不断实践中越发坚定的教育理念。

1930年9月23日下午,南开中学初一、初二年级在礼堂集会,张伯苓在集会上发表了一段讲演,这份告诫学生应以德智体三事为自立基础的发言后来刊登在了《南开双周》第六卷第二期上:

> 远方学生不惮跋涉,来此求学,非专为师长良好,设备较优,实以南开的教育宗旨在使学生"自动""自觉",自负责任以求上进,于是造成一种良好校风,而全校学生于不觉不知中随之亦好。所要者,诸生在校能自立,到社会里去更须不为环境所动移。值此求学时期,诸生当以道德、身体、知识三事为自立基础。
>
> 青年在预备时期,如知识之增进,身体之锻炼,道德之修养,三者须同时并进。深望诸生勿以等闲视之。

百年巨匠 张伯苓 Century Masters Zhang Boling

第十章 开创南开系列

1907 年，清朝学部出台了《女子小学堂章程》和《女子师范学堂章程》，在制度上确立了女子教育的合法地位，开启了女学的革兴。民国以后，女子教育在思想比较前沿的城市略有施行，但在很长时间里仍然发展缓慢，一般女子读完小学就少有升学的机会了。

1919 年，"五四"新文化浪潮席卷全国，许多女性受到新潮思想的影响，想要争取男女教育平等的机会。1922 年，一些女子小学校的毕业生以天津女权请愿团的名义请求各个中学开放女禁，招收女生。迫不得已之下，她们还去找了直隶教育厅的厅长张谨，张谨回应道："你们女孩子不要学外国女子要读中学。女子只要读读师范，毕业后教小学就行了。"

女学生们苦苦哀求，张谨却态度强硬地说道："无论如何不办女子中学，因为我们督军、省长都不赞成办女子中学的！"

女学生与北洋大学、天津高等工业学校联系，也都吃了闭门羹。最后她们来到了南开学校，找到了校长张伯苓。

张伯苓早期曾在严修家的严氏女塾执教，在 1915 年担任过北洋女子师范学校的代理校长，他一直反对封建思想对女性的压迫，倡导女子走进学堂学习知识。南开大学成立的第二年，他就开放女禁，开始招收女生，实现大学的男女合校。此时的张伯苓早已开始盘算让南开中学实行男女合校，他也做了一个万全的准备，如若不能合校，可以单独设立一个女子中学。

1920年12月，张伯苓向校董会提出报告，希望设立一所女中附于南开中学或南开大学，或独立成校。1921年，中华教育改进社在济南讨论女子教育时，张伯苓就明确提出要尽快发展女子教育，创办女子中学。

　　1922年，12位渴望继续上学的小学女子毕业生求学无门后，由周仲铮执笔给张伯苓写了一份请愿书，她们提到了天津缺少女子中学的现况，请求南开大学在迁往八里台新校舍之后，将原来的学校作为女子中学的校址。

　　两三个星期后，张伯苓给她们回信了，让她们派几个代表来南开与他详谈。学生们公推王毅蘅、陈学荣和王文田三个人为代表，来到了南开。王文田在所写的《张伯苓与南开》一书中，记述了她们见到张伯苓的情景："我们三人走进办公室内，看见办公桌前，坐着一位魁伟壮健，体格高大的长者，抬头看见我们三个小孩子进来，即刻站起来，满面和蔼慈祥，诚恳而亲切的，用手指着旁边的几个椅子对我们说：'好——好——你们坐下谈。'我们三人都坐下了。他老人家又坐回原来的椅子上，便开口先问我们说：'我看见你们给我的信，你们有这种勇气，我很高兴！我一定答应你们办女子中学。不过大学部的原址，另有用途，我一定想别的方法就是了。'说到这里稍停，又接着说：'你们有什么意见只管说。'我们三人彼此看了一下，异口同声地说：'谢谢张校长！我们希望愈早愈好。什么时候开始招生，我们就来报考。'伯苓校长哈哈大笑，用诙谐的口吻说：'你们几位要捷足先登，做女中部的开国元勋？'"

　　张伯苓早在这次会谈之前就已在董事会上提出了成立女子中学的具体计划，校址暂时借用南开中学校外的第二宿舍，学校先招一年级两个班，每班60个学生。南开中学借出1000元作为女子中学的

1925年南开女中奠基仪式留念

办学经费，华午晴个人捐助了200元，而张伯苓省下了母亲的丧葬费1000多元，用来筹建南开女子中学，董事会最终同意了张伯苓的计划，议决"现行成立"。

1923年秋季，南开女子中学正式成立，张伯苓开办初一、初二两班，在全市招收了78名女生。后来，张伯苓拨出3.7万元经费，为南开女子中学修建新校舍。

1926年10月17日，南开女子中学新校舍落成，学校举行了隆重的庆祝典礼，黎元洪、靳云鹏等社会名流纷纷出席，支持南开女中，女学之风为之大振。

南开女子中学的教学管理和南开中学同步进行，主要的教师和职员也都由南开中学的教职人员共同兼任。政治、经济、商法等课程与南开中学合上，理化实验室也与南开中学合用，两个学校的学生共同参加学校的修身课、讲演会和运动会，南开女中的教学和管理从建校起就达到了一个较高的水平。

女子中学主张民主、自治，学校全力支持学生广泛开展舞蹈、缝纫、刺绣、摄影、书画、戏剧等活动。梁启超的女儿梁思懿在南开女中上学时，曾开办了理发室，为学校的同学们义务理发，大受欢迎。

学校鼓励女生们走出书本世界，去真实的社会进行实践。田家骅的《记南开校友、作家韦君宜同志的一席话》中记下了韦君宜在南开的学习经历：

> 张伯苓不主张完全把学生关在教室里学习，他给学生深入社会提供机会和方便，并加以鼓励。那时我们经常到纱厂、农村甚至监狱去参观。十六岁的时候到西广开办"民众学校"，当老师，教那些没钱上学的孩子们学文化，十八岁到北京门头沟下矿井，由此而知道，穷人过得是什么日子，工人是什么样儿，这对自己思想转变，走上革命道路，起了很重要作用。
>
> ……母校的语文教学使我从小对文学发生了兴趣。南开在文史知识方面给我打了牢固的基础，对我走上文学道路有直接的影响。例如：当时我考入清华大学哲学系，学校规定，不管学什么专业，必须从理、化、生物三种课程中选修一门，我选修了生物，结果好多实验我都做过，实验报告也写得很好，文字表达能力很强。我学起来非常轻松，可以腾出好多时间看别的书。又如外语，我可看很多原文书。这些好的基础，都归功于南开。

南开中学、南开大学和南开女子中学先后成立后，张伯苓又开始筹划南开教育系列化的下一步，创办一所南开小学！

张伯苓想要创办一所与南开中学和南开大学的教育相匹配的初

等教育学校,这所学校要大体接近美国20世纪20年代的小学水平。

陶行知和张伯苓是哥伦比亚大学的校友,他当年刚从哥伦比亚大学毕业,张伯苓后脚就进了哥伦比亚大学。两人在美国并未谋面,但他们回国后,在组织教育调查工作的中华教育改进社逐渐熟络起来,成了挚交好友。

陶行知在1925年10月在南开为学校的中学教职员做《教学合一》的演讲,提出事怎样做就怎样学,怎样学就怎样教;教的法子要根据学的法子,学的法子要根据做的法子。张伯苓建议将演讲改称为《学做合一》,陶行知深受启发,他的这个经典的教育理念由此改称为"教学做合一",还将"教学做合一"定为晓庄试验乡村师范学校的校训。

两人在教育问题上常有交流和互助,陶行知也迫切地希望张伯苓尽快开办一所小学,他在1926年10月16日给张伯苓的信中写道:"公以半生心血经营南开,中学、大学相继成立,皆别具精神,卓有可观。第髫龄稚子,犹未沾公时雨之化,不为无憾。此必已在夹袋计划之中,知行愿观厥成,故请兄速设小学及幼稚园,以慰同志之渴望。吾兄笑而不答,甚似默许,喜也何如。知行近年考察小学以百计,如燕子矶小学者,北方尚未往见。今欲引燕子飞渡黄河,遍访人间院宇,非南开不足以托庇。倘先生有意于此,则二十五周年纪念时,我公欣然谈笑,听幼儿舞蹈,受幼儿庆祝,当别有一番乐趣也。"

1927年春,张伯苓在董事会上提交建立南开小学的议题,同时表明了一个立场:"小学非待款项筹足,决不开办。"随后,学校相继收到了一些建校的善款。

1928年3月18日,南开学校董事会在女中学部召开例会,张伯苓在例会上报告了筹建南开小学的规划,获得了众人的一致同意。

中学部已附设一贫民义塾，大学部在八里台村亦曾设一八里台小学。本年拟在中学附近成立一南开小学，经费及办法列后。

开办时间，本年暑假后。

校址。暂用中学校外宿舍，即女中部旧校址。

班次。拟暂招国民一、二年级两班。

创办费。华露存女士所捐之一千元。

经常费。除学生学费外，由暑期学校余款拨捐一千元，小学部除将来建筑新校舍须特别筹款外，每年经常费出入约相抵，与全校经济无关。

1928年8月，南开小学正式成立，比陶行知在信中所期待的时间提前了一年。张伯苓想要革除传统小学里的诸多弊病，在南开小学实施了新的教学方法。

当时，国内正在风行哥伦比亚大学教授克伯屈的设计教学法，教育家俞子夷最先在小学里倡导立足于儿童本位的设计教学法，根据学生兴趣和主张，挖掘学习目的，让学生从被动学习变为主动学习，开发学生的天赋，发挥学生的自主性。

1928年年底，张伯苓再次去欧美考察教育，同时向他的老师克伯屈取经。次年2月18日，张伯苓从纽约向南开发来信函："近日在哥伦比亚大学师院多次与克伯屈博士讨论教育问题，商定在南开小学从事设计教学法实验。"

就在张伯苓考察国外教育期间，一个噩耗从国内传来，严修于3月14日在天津因病去世，终年69岁。张伯苓远在异国他乡，无法再见严修最后一面，悲痛万分。

1928年张伯苓（后右三）与南开小学师生在校舍前合影

3月31日下午二时，南开中学部礼堂举行了严修的追悼会，南开大学董事会为严修致悼词：

> 敬启者：三月十五日，忽接奉我校创办人范孙先生仙逝之报告，鄙等万分震愕，窃不禁潸焉出涕，为之感动悲痛者久之。呜呼，今日之南开学校非即昔日之私立第一中学乎。昔日之私立第一中学乃先生移家塾捐巨金而成者也。今则由男中学而大学而女中而小学，秩然扩成四部，莘莘负笈者二三千人，其分而散布留学界及所在各界之已经毕业诸青年几乎指不胜屈，虽至海澨山陬穷乡僻壤莫不慕南开之名思送子弟而来就学。呜呼，盛矣。虽然有今日之果，必有前日之因；有前日之因，乃有今日之果，则夫南开学校之所以由极简略而克臻完备者，非先生热心教育乐此不疲之力所致，伊谁之力哉。顾先生之德望重于中外，先生之事略详于乡评，

无烦鄙等赘述也。第以南开发达正未有艾,方共济先生指示方略,贯彻始终,乃变生不测,竟忽溘然长逝,致令人兴木坏山颓之感。呜呼,抑何痛哉,爰共肃此,以申哀悼,希惟督鉴是幸。南开大学董事会同人公肃。三月十九日。

张伯苓与严修两人从1898年至1929年,相识相交长达31年,南开学校是两人亲密无间的合作成果。严修的离去让张伯苓多了一份孤独感,也多了一份责任感,他把对严修的思念寄托在南开学校的教学事业上,带着好友的夙愿继续前行。

1929年9月13日,张伯苓结束了国外的教育考察之行,回到了中国。

9月24日,张伯苓在南开女子中学和南开小学的欢迎会上讲道:"所以现在之教育,要改造中国人,新的国民则须由小孩教起。由小学实行新法教育,由小学而中学,由中学而大学,由大学而社会,总在'做'字上用工。"

第二天下午,张伯苓在南开女子中学的礼堂对南开男女中学、南开小学三部的教员发表了演说,提到了哥伦比亚大学师院的毕业生阮芝仪博士。阮芝仪是克伯屈的亲传弟子,她已于南开小学建校的当月就受聘来到南开,担任小学的"实验教师",在学校推行设计教学法。

设计教学法的实验教学抛弃了传统的灌输式教育,以符合儿童心理的方式积极调动学生的学习主动性,增加学习兴趣,当时天津的一些小学校纷纷开始仿效。

然而阮芝仪在推行设计教学法的过程中,照搬了一套美国的教育模式,比如教室的地板都要打蜡,学生进教室必须脱鞋,这些模式并不适用于中国国情。同时,这些设计教学法摒弃传统的教科书,打破了学科界限，不利于学生系统地掌握各个学科的知识，也难以与中学的分科教育进行知识衔接。阮芝仪在南开小学推行了一段时间的设计教学法，就回到了美国，这些教学实验也随之停止。

张伯苓保留了实验教学过程中的合理设置，对一些教学方法进行了调整，让这些教学措施贴合中国国情和中国小学生的实际情况。

杨曼莉在1934年考入了南开小学，她在《回忆南开小学》一文中，生动形象地记录了那段丰富精彩的小学时光：

> 南开小学的校舍和环境并不十分讲究，但是有宽阔的操场，阳光充足的教室，备有舞台和钢琴的礼堂，种植和饲养家禽、小动物的园地以及为高小学生认识社会而开办的"学生储蓄所"和"小卖店"（那时称之为"银行"和"商店"）……各种设施考虑得都很周到，都是为了增强学生的体质，增长学生的知识和提高其文化教养。从那时起，我也开始对种植和饲养小动物产生了兴趣。记得我和同学们是多么盼望自己快快长大到五年级时就可以参加"储蓄所"和"小卖店"的劳动了。浓厚的兴趣活动，使我们潜移默化地受到了教育，增长着求知的欲望。
>
> ……教师们在传授知识的同时，很注意发展学生的智力。记得一次教师发给我们每人一把小米混着绿豆的粮食，让大家迅速地把两种粮食分开，并比赛谁分得快。有的学生把一粒粒的小米放在一边，一粒粒的绿豆放在另一边，做起来很慢。游戏结束时，教师表扬了分得快的学生，总结说："有的人分得很快，只要把大一些的绿豆挑在一边，剩下的就是小米了。做事要又快又好。要做好一件事，必须动脑筋

想。"总之，南开小学的教育是丰富多彩的。它通过多种多样的实践活动，把课本知识生动活泼的传授给学生。如今回忆起早年南开办学严肃认真勇于实践的精神，对我们幼儿教育战线上的校友来说，不仅难忘，而且是值得借鉴的。

南开大学、南开中学、南开女中和南开小学构成了完整的南开学校，被称为南开四部。四部没有集中在一起，但都离得不远。

张伯苓兼任四部校长，喻传鉴、伉乃如、华午晴、孟琴襄身兼四部职事，南开学校在张伯苓的治理下，逐渐形成了一个以喻传鉴、伉乃如、华午晴、孟琴襄为代表的学校管理团队，这四员大将被称为南开的"四大金刚"，成了张伯苓最有力的左膀右臂。

学校在1904年建校之时，全校职员只有6人，随着南开女中在1923年成立，南开小学在1928年成立，南开四部的学生数量快速增加，但南开职员却一直保持着精干的规模。

据1930年的《南开同学录》统计，当年南开四部的学生人数已达2579人，四部从校长到各类管理性职员只有71人，他们大多身兼数职，个个都是精兵强将，不仅节省了大量的行政开支，也更有利于统筹和协调南开四部的整体发展。

张伯苓后来在《四十年南开学校之回顾》一文中总结性地提到了南开得以不断发展的原因："我南开同人，皆工作重，职务忙，待遇低薄，生活清苦。但念青年为民族之生命，教育为立国之大计，率能热心负责，通力合作。因此学校人事之更动少，计划之推行易，青年学生日处于此安定秩序，优美环境中，自必潜心默修，敦品励学，养成一种笃实好学之良好校风，因以增高学校教育之效果。此同人之负责合作，实有助于南开之发展者，此其二。"

南开同人们通力合作，共建"家园"的精神也正如张伯苓在1934年9月17日的始业式上所说的一番话："我有个比喻，一边三个人，一边五个人，两边拉绳子，如果五个人的一边，五个人向各方面拉，三个人那一边，三个向一面拉，三个人的那一边必定得胜。这是我教人团结，教人合作的老比喻。"

张伯苓还在始业式上勉励众人："我们国难日深，然而还有机会，还有希望，就怕自己不发良心，不努力。我快六十岁了，我还干，一直到死，就决不留一点气力在我死的时候后悔，'哎哟，我还有一点气力未用'。我希望你们人人如此，中国人人如此。"

1934年10月17日，南开大学、南开中学、南开女子中学、南开小学四部举行了建校三十周年庆祝大会，张伯苓在庆祝会上宣布了南开的校训——"允公允能，日新月异"！

"允公允能"的语言形式出自《诗经·鲁颂·泮水》："允文允武，昭假烈祖。""日新月异"出自《礼记·大学》的"苟日新，日日新，又日新"。

张伯苓在一次全校学生集会会上详述了"允公允能，日新月异"的寓意：

"允公，是大公，而不是小公。小公只不过是本位主义而已，算不得什么公了。只有允公，才能高瞻远瞩，正己教人，发扬集体的爱国思想，消灭自私的本位主义。

"允能，就是要做到最能。能建设现代化国家，要有现代化的才能。而南开学校的教育目的，就在于培养具有现代化才能的学生，不仅要求具备现代化的理论才能，而且要具有实际工作的能力。

"日新月异，就是每个人不但要能接受新事物，而且还要能成为新事物的创始者；不但要赶上新时代，而且还要能走在时代的前列。"

1948年11月，张伯苓又在南开中学的代表座谈会上简单明了地解释了校训："咱们南开校训讲允公允能，就是要培养爱国爱群之公德，与服务社会之能力。现在这个社会最大的弊病就是贪污腐败和无能。我们讲日新月异，就要革除掉这些旧东西！"

"允公允能，日新月异"是张伯苓教育思想的浓缩，是他为之殚精竭虑、不懈努力的教学愿景，更是他践行一生的南开精神！

百年巨匠
Century Masters
张伯苓 Zhang Boling

第十一章
体育盛会

天津是我国近代体育兴起较早的地区之一，最初主要盛行田径、球类和游泳等运动项目。张伯苓在经营南开学校的体育教学和体育活动时，也在积极推动天津乃至全国的体育事业。

南开学校成立的第一年，张伯苓就带着一些学生参加了天津南市举行的运动会。其中一名学生还夺得了跳高项目的第3名。后来，南开学校在张伯苓的倡导下，开始自己举办运动会，并附设津埠小学运动会，召集全市各个小学的学生来参加比赛，活跃了天津的小学体育运动。

民国成立后，张伯苓和天津众多热爱体育的人一起举办了天津各学校联合运动会、天津联合运动会、直隶第一区运动会等。

1910年10月18日至22日，张伯苓与上海、天津等地热心体育的人士共同举办了中国历史上第一次全国性的运动大会——全国学校区分队第一次体育同盟会。辛亥革命后，这次运动会被正式追认为"第一届全国运动会"。

这次运动会结束后，张伯苓以发起人和总裁判的双重身份，与唐绍仪、伍廷芳、王正廷等人在南京成立了"全国学校区分队第一次体育同盟会"，这是中国第一个社会体育组织，也是中华全国体育协进会的前身。

1914年，张伯苓召集体育界人士在北京成功举办了第二届全国运动会。此后，中国体育行政区域被划分为华北、华东、华中、华南、华西五个区，各区纷纷组建了独立的体育联合会来主办各区的体育比赛。当时还有人提出："我国社会体育日益普及，此不能不归功于该会者也。"

1924年5月22日，第三届全国运动会在武昌举行。五区体育联合会代表在运动会期间一致提出要建立一个代表整个国家的体育机构，他们推选张伯苓、王正廷等人来筹备和主持这件事。

王正廷

到了这年8月，中国近代第一个集教育研究、调查、编辑、推广四项任务为一身的教育机构中华教育改进社在南京召开第三届年会，五区体育联合会代表大多出席了此次会议。他们借着这次集结的机会召开了全国性体育机构的第一次全国大会，会议通过了简章，正式将这个组织机构定名为"中华全国体育协进会"，张伯苓和王正廷被推选为名誉会长。

中华全国体育协进会成立后完成的第一件大事，就是在1927年成功承办了第八届远东运动会。

自1910年起，国内相继举办了三届全国运动会。随着反帝爱国思潮的不断涌现，我国开始逐步收回体育主权。第二届远东运动会就是中国人第一次自己举办的国际间体育赛事。这届比赛的筹备和运行全部由中国人自主完成。远东运动会原名"远东奥林匹克运动会"，代表了亚洲竞技体育的最高水平。

1912年，张伯苓为了传播奥运会精神，积极参与和推进亚洲各国的体育交流，他与天津基督教青年会体育干事葛瑞（Gray）、菲律宾体育协会主席布朗（E. S. Brown）、日本青年会美籍干事克朗（F. K. L. Crone）一起发起组织了远东业余运动协会和远东运动会，并采用国际奥林匹克委员会的规范来指导工作。

远东运动会设置了田径、游泳、足球、篮球、棒球、网球、排球7个比赛项目，最初每两年举行一次，赛事由亚洲各国的大城市轮流承办。张伯苓参加过第二、三、五、八、九届远东运动会，担任过第二届、第三届、第九届的中国领队和第三届、第五届的大会总裁判。几乎每一届远东运动会都有南开学校的运动员代表中国参赛。

1913年2月，菲律宾马尼拉举行了第一届远东运动会，南开学校有1名队员参赛。第二届远东运动会，来自南开的参赛运动员增加到7名。

1915年5月15日，第二届远东运动会首次来到中国，在上海虹口体育场举行。这也是中国第一次举办的正规国际比赛。

开幕式这天，上海下起了瓢泼大雨，但虹口体育场附近却被前来观赛的观众和旧式老爷车挤得水泄不通，场面极其热闹。时任亚洲远东奥委会秘书长的布朗评价说："在我一生中从未见到过如此热烈的场面和人们对体育比赛表现出的热情。"

在半英里短跑比赛中，人们大多把赌注压在了日本名将吉子英身上，赔率高达数百比一。决赛开始后，吉子英展现出了很强的夺冠实力，一马当先地冲在最前面，日本的拉拉队不断地欢呼雀跃。

到了决赛的最后阶段，一直跟在吉子英身后的中国运动员郭毓彬开始加速，离吉子英越来越近……

这时，中国拉拉队爆发出了震耳欲聋的呼声。到了最后几米的冲刺阶段，郭毓彬拼尽全力超越了吉子英，第一个冲过了终点。

霎时间，整个体育场都沸腾了。随后，郭毓彬又一鼓作气夺得了1英里比赛的冠军。

郭毓彬在这次运动上一战成名。第一次听说郭毓彬的人都在打听："郭毓彬是哪儿的人，他是哪个学校的？"

后来，报纸上登出了郭毓彬的信息。他是河南项城人，从小就喜欢运动。1910年，郭毓彬考入了天津南开中学，在学校里专攻半英里和1英里赛跑。1914年12月，他从南开中学毕业后就留校担任体育课干事。他在上学期间坚持每天早上五点起床，在校门口前面的操场上进行训练，人送绰号"飞毛腿"。

郭毓彬在第二届远东运动会上拿下了两个冠军，他凯旋回校后，当时正在南开中学上学的周恩来以敬业乐群会负责人的身份手持一面锦旗，带队在学校门口迎接他，并为他召开了庆功大会。

在这届运动会上，南开学校的崔真拿下了跳高项目的第二名，他与队友组成的接力队取得了第三名的好成绩。

第三届远东运动会上，南开有5名田径运动员和二名球类运动员参赛。当时，日本田径运动员泽田为了对付郭毓彬，果断放弃他的强项8英里跑，专攻1英里和半英里。最后，中国队在田径比赛中只取得了两项第一。

南开学校的陈文瑗夺得了男子跳高第二名，与新学书院的袁庆祥、郭绍仪包揽了跳高的前三名，南开中学的刘荫恩获得铁饼第三名，王文达获低栏第二名。

张伯苓在运动会上看到了中国运动员与其他国家的差距。1917年6月7日，张伯苓在《第三届远东运动会归来记》中写下了他对中国体育教育的反思："余今日所欲言者，为此次东行所感之事。此行首至沪，由沪至杭，由杭返沪，而至东京，离东京赴韩国仁川而归。

1917年5月，在日本举办的第三届远东运动会

此次运动，我国失败非不幸也，有败之道也。彼以其全国全付精神为之，而我则不过寥寥数校而已。即以北部学校言之，今日之运动员，其父兄率皆昔日文弱士，自其祖若父即不强健，而于幼时又未尝练习，将何所恃而不败乎？而日本则反此，既全国皆练习，故选择乃愈精。再则，其预备之力，闻彼国于举行运动大会以前，曾开运动会数次以备练习。三则以其国各事皆发达，故对于体育一项，进步亦易。昔余尝曰，此事失败，吾辈认咎，虽有前列数因，要皆以有未作到处致此耳。至京时曾晤教育次长袁先生、王正廷、伍朝枢诸先生，言及此事，或谓为泗水人少之故，然即多亦恐不易致胜也。"

第四届远东运动会开始之前，中国运动员都集中在南开训练。南开学校这次有5名运动员代表中国参赛，但中国队在这届运动会上的整体成绩仍不理想，已经与日本、菲律宾的运动员有了很大差距。后续的几届运动会，南开学校也有运动员参赛，但人数明显减少，成绩也不如从前。

前四届远东运动会只有中国、日本、菲律宾三国参加，从第五届开始，印度、印度尼西亚、越南等国家也陆续加盟。

到了1920年，远东运动会获得了国际奥委会的承认，成为世界上第一个与国际奥委会建立关系的区域性国际体育组织。

1922年4月，中华业余运动联合会召开了成立大会，张伯苓被推选为会长，并发表了《中华业余运动联合会宣言》，中华业余运动联合会积极促进全国社会体育的发展，同时负责"国际竞赛举行"，这个组织后来参与筹办了1923年的第六届远东运动会和1924年的第三届全国运动会的运动员选拔。

1924年，中华业余运动联合会与当年设立的中华体育协进会筹备处合并，成立了"中华全国体育协进会"，张伯苓和时任国际奥委会委员、南京国民政府外交部部长的王正廷担任名誉会长，中华全国体育协进会旨在积极推动全国和各地区的体育运动，促进中国奥林匹克运动的发展。

就在同一年，中华全国体育协进会发布了《中华全国体育协进会对于国内外体育工作之范围》，明确将"选择中华代表参加世界运动会（奥运会）"列入协进会的"职责"，承担起中国参与奥林匹克事业的工作。

中华全国体育协进会在国际职责范围上确定了"要成为国际奥林匹克运动会的会员"这一重要工作目标，国内的工作，最重要的就是要选派中国的运动员参加奥运会。

中华全国体育协进会负责组织中国体育代表队参加远东运动会，同时筹备和主办在中国举行的远东运动会。第八届远东运动会将于1927年8月27日至9月3日在上海举行，中华全国体育协进会负责全力筹备，这是上海第三次举办远东运动会，但这次比赛却与往届的意义大不相同，是中国第一次完全自主筹办的国际体育赛事。

在前七届的远东运动会上，中国在多个运动项目上都被日本和菲律宾压制着，国人都渴望能在第八届运动会上凭主场之利扬眉吐气。

然而比赛结果却令人失望和叹息，中国选手在田径和游泳锦标中全军覆没。在网球比赛中，海外出生的网球大师林宝华和邱飞海回国帮助中国第一次夺得了网球锦标，拿下了单人、双人和团体冠军。在足球锦标中，中国队分别战胜了日本队和菲律宾队，第七次赢得足球锦标，中国篮球队获得了亚军。在棒球和全能运动上，中国队获得了第二名和第三名。

张伯苓在这届远东运动会上看到中国队停滞不前，心里十分难受。他回到天津后，就和章辑五、杜庭修、董守义等人多次探讨运动会失败的原因。

这年10月18日，张伯苓在南开四部举行的23周年校庆纪念会上致辞，他在会上做了《昨晚成立之天津体育协进会》的报告："鄙人月前赴沪参与第八届远东运动会，目睹日、菲两国田径赛运动选手之成绩，我国运动界真有望尘莫及之慨。远东运动会闭幕后，中华全国体育协进会即对鄙人及杜庭修、董守义诸先生表示，希望天津体育协进会早日成立，以促体育之进步。又全国体育协进会因有种种理由，决定废除华北、华东、华南、华中等运动区域名称，而以城为单位，希望以后将'体育'二字由学校而推之一般城市，故特联合热心提倡体育诸君发起斯会，按时举行各项运动，庶几社会对于体育之兴趣增高，而下届远东运动会亦不至如本届之失败。"

就在这天下午，南开中学会议厅举行了天津体育协进会的成立会，22人出席会议，张伯苓等人被选为名誉会长。三天后的《大公报》发布了天津体育协进会的章程，其中第六条的"会务"明确规定：

"每年举行左列各项体育竞赛事宜，田径赛运动会、越野赛跑、足球、篮球、网球、队球、棒球、游泳、女子田径赛运动会、女子篮球、女子网球、垒球、司令球。"

1928年，中华全国体育协进会选派代表出席了第九届国际奥林匹克委员会，张伯苓为密切联系中国与国际奥委会做了大量的实质性工作。中华全国体育协进会最初虽然没有政府的支持，但开展了各种活动，推动了全国和各地区体育运动的蓬勃发展。中华全国体育协进会出版了全国体育的法规性文件，介绍各类运动规则，让中国体育界了解到更多国际体育动态。中华全国体育协进会还按照国际规范来要求比赛，积极推动奥林匹克运动在中国的发展。

1931年，一个鼓舞人心的消息传到了中国。国际奥委会正式承认中华全国体育协进会为中国的奥林匹克委员会。第十届奥运会即将于1932年7月在美国洛杉矶举行，中华全国体育协进会开始了为奥运会选拔运动员的艰巨任务。

张伯苓的"奥运三问"，终于有了第一问的回应！

第十二章 奥运征程

1928年7月，第九届奥运会在荷兰阿姆斯特丹举行，中国获得了派团参加奥运会的资格。这个消息让中华全国体育协进会（简称"全国体协"）为之沸腾，但国民党政府对此不予理睬，全国体协随即在上海本部召开了会议，对是否参加这届奥运会进行了交流探讨。

第八届远东运动会刚刚过去，第四届全国运动会不再由全国体协主持，他们将在选拔运动员的问题上面临许多困难。因此，全国体协决定不派运动员参赛，只派代表作为观察员出席这届奥运会。全国体协经过慎重考量，最终定下了出席奥运会的观察员，即本年打算赴欧美考察教育的张伯苓。

张伯苓收到邀请函之后，在1928年2月25日写了回信："本年世界运动会在荷兰开会，我国代表一席鄙人极愿担任，所惜该会开会在七月间，而鄙人出洋时期系订于十一月，相距日限过远实在无法迁就，谨情奉达，尚迄诸公费神别推相当代表前往，是为知要。"

张伯苓深表遗憾地推辞了这次出访，全国体协只好另派他人，最后邀请了正在美国春田体育学院学习的全国体协名誉干事宋如海，请他以中国副代表和观察员的身份直接从纽约前往阿姆斯特丹。

最后，宋如海把第九届奥运会的所见所闻总结成了数万字的考察资料，全面系统地向国人传达了这届奥运会的信息。

1932年7月30日—8月14日，第十届奥运会将在美国洛杉矶举行，中国这次有条件选派运动员参赛，张伯苓对本届奥运会有着很高期待，但他没想到的是，这次奥运之行出现了许多波折。

全国体协以准备参加奥运会的名义向当时的国民政府申请支持，但国民政府对体育赛事并不重视，到了 1932 年 5 月下旬，国民政府教育部以时间仓促、准备不足为由，宣布不派遣运动员参加奥运会。

1931 年，日本侵略者发动九一八事变，攻占了沈阳，随后占领了整个东北三省。1932 年 3 月，日本扶植溥仪在长春成立了傀儡政权——伪满洲国。就在中国政府放弃参加奥运会的时候，日本却开始操纵所谓的"大满洲帝国体育协会"，打算让伪满洲国代表中国参加这届奥运会，企图蒙混国际视线，使这一伪政权得到国际认可。

东北大学体育系学生、短跑名将刘长春在 14 岁时就跑出了百米 11 秒 8 的成绩，曾在第十四届华北运动会上打破了 3 个短跑项目的纪录，是东北大学有名的"兔子腿"。

时任东北大学校长的张学良非常重视体育，对刘长春更是寄予了厚望。他特意聘请了德国著名田径运动员、5000 米世界纪录保持者步起到东北大学担任田径队教练和体育系教师，对刘长春等人进行科学的体育训练。张学良给步起开出了每月 800 银元的高薪，为他配备了一辆专用小汽车、两匹跑马，安排了一处单独的小院。

在专业的体育训练下，刘长春的短跑技能日渐精进。1930 年 10 月，刘长春在"中德日三国田径对抗赛"中以 10 秒 7 的成绩击败日本"短跑怪杰"吉冈隆德，获得了 100 米项目的亚军。

日本在选择奥运会参赛运动员的时候，同样打起了刘长春的主意。九一八事变之后，东北大学随张学良的势力流亡关内，学生们纷纷被遣散回家。刘长春回到了大连西岗区的老家。

结果，他刚一到家就有警察找上门来。刘长春预感到了一些危机，他赶紧借钱凑了船费转移去了北平。日本随后两次派人到他家里，威胁他的家人将他召回，并许诺高官厚禄。

随后，日本公开提出要派刘长春作为伪满洲国的运动员参加奥运会。伪满报纸刊登了这个重大"消息"，瞬间引发了国人的震怒。全国各界要求国民政府立即表态，派遣刘长春等人代表中国参加本届奥运会。南京国民政府却以没有经费和准备不足为由，只派全国体协总干事沈嗣良作为观察员出席奥运会。

在没有政府支持的情况之下，张伯苓、王正廷、沈嗣良等人毅然扛起参加奥运会的重任。他们决定由全国体协筹款，送刘长春等人去美国参赛。

运动员刘长春

张学良、郝更生等人在刘长春(一排左二)、于希渭赴洛杉矶奥运会之前的合影

日本抢先替伪满洲国向奥运会主办方申报了刘长春等人作为代表的参会名单。奥运会主办方竟复电答应了他们的要求,还让他们抓紧提交伪满洲国的国旗和国徽。

沈嗣良立即在6月13日急电张伯苓,并在第二天对驻上海的记者公开声明:"体协会如经济充裕,决派刘长春出席大会。"

张伯苓、王正廷和前东北大学体育专修科主任郝更生开始四处募集经费。郝更生通过与东北大学校长张学良频繁接触,让对热心体育事业的张学良开始重视此事,张学良最终慷慨捐出了8000银元作为刘长春出国的费用。

1932年7月1日,在东北大学体育系的毕业典礼上,校长张学良亲自宣布刘长春、于希渭两位运动员将代表中国参加奥运会,宋君复担任教练员兼翻译。随后,张伯苓急电国际奥委会为刘长春和于希渭报名,终于在几日内办妥了全部重要事宜。

于希渭当时身在大连,他因受到日本特务的监视和阻挠,没能成功出行。最后，中国代表队由沈嗣良、刘长春、宋君复、刘雪松四人组成了中国代表队，前往美国。代表队出发之前，张伯苓还为第十届奥运会题词："智力竞新，强国之鉴！"

7月8日上午，中国代表队乘坐美国"威尔逊号"邮轮从上海出发，他们在海上颠簸航行了整整21天，最终在奥运会开幕前一天抵达了美国洛杉矶。

1932年7月30日下午2点半，第十届奥运会在美国洛杉矶纪念体育场隆重举行。可容纳10万人的体育场座无虚席。

在运动员的入场仪式上，中国代表团作为第八个代表团正式走进了奥运会的会场。当时，全场的华人华侨都站了起来，向他们挥手致敬，鼓掌呐喊。

刘长春手持中国国旗走在最前面，紧随其后的是中国代表团的领队沈嗣良、教练宋君复、留美学生代表刘雪松、旅美教授申国权、时任上海青年会体育主任的美国人托平。

刘长春因旅途奔波，没能发挥出最好的状态，他在100米预赛中以11秒的成绩位列小组第五，在200米预赛中名列小组第四，两个项目都未能进入决赛。

中国运动员首战奥运会虽然失利，但这次奥运会的破冰之行却意义非凡，中国的国旗第一次在世界级运动大会上飘扬。刘长春成为中国参加奥运会的第一人，他的参赛成为中国体育历史上的一个重要里程碑。

几年时间过去，第十一届夏季奥运会于1936年8月在德国柏林举行，国人们征战奥运的热情再度沸腾起来。但德国举办这届奥运会意在为法西斯粉饰和平，不少国家都在抵制这场奥运会。

南京国民政府妄想德国能在中日关系上有所助益，为了讨好德国，南京国民政府很早就做出了参赛的决定。1934年7月5日，国民政府教育部体育委员会召开第十二次常务会议，决定参加第十一届奥运会，委托全国体协会负责办理报名及预选事宜，为奥运会选拔和训练运动员。

中华全国体育协进会很快组成了篮球、足球、田径、游泳、竞走、举重、自行车、国术表演8个代表队。随后，中华全国体育协进会的董事会选聘了各运动项目队的选拔委员，设置足球队选拔委员5人，篮球队选拔委员3人，田径和游泳队选拔委员3人，举重和国术表演队选拔委员4人。

1935年8月，中华全国体育协进会为了提升奥运会参赛选手的整体水平，在山东大学举办了体育夏令营，主要针对田径、游泳、篮球3项对运动员进行集中训练。全国各省市保送过来100多人，体协最后筛选出符合集训要求的56人，开始了为期40天的提升训练。中华全国体育协进会还聘请了德国田径专家兰威伟格等中外体育专家来夏令营指导训练。

10月，上海举行了第六届全运会，由张伯苓担任裁判委员会主任委员。这届全运会第一次按国民政府教育部颁布的《全国运动大会举行办法》来举办，比赛规则、评选标准都更为规范化。

第六届全国运动会成为全国体协选拔奥运会运动员的重要参考，政府召令各省市举办地区性运动会选拔优秀运动员。因此，本届大会的规模远超历届，38个省市的运动员和工作人员2700余人参加了这届全运会，最终，参赛运动员打破19项全国纪录。

1935年12月11日下午，天津东马路利生工厂会客室举行了华北区足球、篮球预选第一次筹备委员会，全国体协会长张伯苓和天津体协委员章辑五、齐守愚、傅镜如等人出席了会议。会议确定了华北区足球、篮球运动员的选拔办法，预选赛的报名时间定为1936年1月3日至11日，所有选拔比赛都在河北体育场举行，比赛规则都按第六届全国运动会的竞赛规则执行。

足球运动员和篮球运动员由华东、华北、华南三区推选。为了训练中国球员与外国球员的对抗能力，张伯苓特意请来了兼任南开学校体育教员的奥运会400米冠军埃里克·亨利·利迪尔（中文名李爱锐）。李爱锐是中长跑运动员，对足球也很有研究，他受张伯苓之邀在河北体育场指导中国足球队员训练，并请来20余名在天津的外国人，安排他们和中国球员进行了多场对抗比赛。

足球选拔委员会依据第六届全国运动会的比赛成绩和后来举行的十多场比赛，确定了30名足球运动员的预选队员名单。1936年4月初，30名预选队员赴香港参加正式选拔。足球选拔委员会最终选出了22名正式队员，组成中国足球队。

董守义为篮球队选拔委员的召集人，负责运动员的选拔，篮球队选拔委员最终选出了14名篮球运动员组成篮球代表队。而篮球运动员的选拔过程也是一波三折，当时许多运动员听说政府要选派代表团参加奥运会，都想来分一杯羹，于是开始了勾心斗角。篮球队选拔委员最初根据篮球运动员在第六届全国运动会上的表现选出了20位篮球队员，队员名单一经宣布，各方的意见就涌了过来，希望体协重选一次。

经过一番重选，最终定下了14名篮球运动员。1936年4月24日，张伯苓在接受《益世报》采访时说："篮球队员之参加事项，虽有一部分人提议重新选拔，但已早经选定，已决定绝无变更……此次参加世运应认真目标，非仅为竞赛，而在认识运动之真意义。所有未了问题，并宜在途中详加研商。"

5月27日下午，河北体育场举行了"世运田径训练班与天津万国选手表演"。这次热身活动汇集了包括部分中国奥运选手在内的中外运动员68名，吸引了2000多名观众前来观看。最后，一些比赛成绩刷新了几项全国纪录和远东运动会纪录。第二天，这些中国运动员们立即启程，赶去上海参加下一轮复选。

中华全国体育协进会最终确定了包括国术表演队员9人在内的78名运动员，由他们组成中国代表队去德国柏林参加第十一届夏季奥运会。在中国体育代表团中，王正廷任总领队，沈嗣良任总干事，马约翰任总教练，有29位职员，代表团总人数为107人，与代表团同行的还有一个36人组成的欧洲体育考察团，团长为郝更生。

张伯苓原本也在代表团的名单里，但他为了一项重要的教育工作奔波在外，不得不退出此次的奥运会之行。为了防止日本侵略者把战火烧至平津，张伯苓开始为南开学校未雨绸缪，寻找安全的避难之所，以求教育教学工作不会因为时局的巨变而被迫中断。1935年11月，张伯苓去四川考察教育，最终决定在重庆兴办一所中学，在必要之时，用以延续南开中学的教育生命。

这次奥运代表团的经费预算是22万元，国民党政府不再像1932年那样一毛不拔，而是拨出了17万元的经费，剩下的5万元由全国体协向各方募捐。

然而全国体协没能募集到足够的经费，最终从各界筹集到的钱款还差2万元。无奈之下，他们只好决定让足球队提前出国，去东南亚参加比赛，赚取比赛的门票，用这笔收入补充奥运经费。于是，中国足球队在奥运会开幕前两个多月就提前出发了。

由于经费紧张，董守义所带领的篮球队也无法乘坐飞机前往欧洲，只能改坐轮船，坐轮船到柏林需要半个多月时间，这对于以北方队员为主的篮球队来说也是一个巨大的考验。

1936年6月26日，中国代表团乘坐意大利邮轮从上海出发，终于在7月23日到达了柏林，下榻在柏林奥运村。经过了近一个月的水陆兼程，中国代表团的不少队员因为旅途奔波，到达柏林后就水土不服，疲惫不堪。不少人因严重晕船，吐了20多天，还有些队员体重掉了十几斤。然而奥运会近在眼前，留给他们的休息调整时间只有短短一个星期。

8月1日，第十一届奥运会在柏林帝国体育场正式开幕。51个国家和近5000名运动员参加了这次运动盛会。在开幕典礼上，会场钟楼敲响了60下，各国的代表团开始入场。

希腊是奥林匹克的发源地，该国的代表队率先入场。随后，各国代表团按照德文国名的第一个字母排序，依次入场，中国代表团排在第13位。中国男运动员身着白衬衫黑领带，白裤黑皮鞋，女运动员身穿藏青西装，内搭白色旗袍，棕色平跟皮鞋。他们均以斗志昂扬的精神面貌迈进了这个备受瞩目的世界级赛场。

中国代表团参加的项目包含田径、足球、篮球、游泳、举重、自行车运动，此外，代表团还向世界奉献了精彩的武术表演。

经过半个月的奥运征战，中国体育代表队由于舟车劳顿、准备仓促，比赛成绩并不理想。中国篮球队的最终排名在9—21位次区间，以一胜三负的成绩，惜别第十一届奥运会。其他比赛项目，只有符保卢一个人通过了撑竿跳高的及格赛标准，他也成为这届奥运会上唯一有资格进入正式比赛的中国运动员。其余的中国运动员集体发挥失常，在预赛中全部淘汰。8月11日，中国拳击选手失利，由此宣告中国在本届奥运会的比赛历程全部结束。

中国代表团在这次奥运会上虽然失利，但有两个令人欣慰的收获。第一个是中华武术第一次走出了国门，中国的刀枪剑戟让欧洲人眼花缭乱，大为赞叹，丹麦博士在报刊上评价中国的武术是"艺术的精华"。

第二个收获是中国裁判员舒鸿在奥运会篮球决赛场上赢得了"心明眼快，裁判公正"的美誉。消息传到国内，各大报纸争相报道，上海《新闻报》刊登了《美加篮球决赛，由舒鸿裁判任职》《我国在国际裁判席上获得无上光荣》等文

第十一届奥运会上，中国撑竿跳高运动员符保卢越过3.80米杆时的情景

章。舒鸿也成为中国体育史上第一个为奥运会篮球决赛进行执法的中国裁判员。

南京的中央交通部每天都在转播奥运会的新闻。上海《新闻报》每天以一版内容刊登奥运会的消息。奥运会结束后，各个出版机构还发行了各种书报画刊进行宣传和报道，如"世界运动大会图画专刊""第十一届世界运动会特刊""出席第十一届世界运动会中华代表团报告"等。

第十一届奥运会结束的当月，张伯苓在重庆兴办的中学迎来了第一期工程的竣工。学校取名为南渝中学，意为南开在重庆（渝）开办的学校，张伯苓担任校长。9月10日，张伯苓到重庆沙坪坝出席了南

渝中学的开学典礼。

1936年11月21日,张伯苓在重庆南渝中学的学生集会上对这届奥运会进行了一番总结:"最近世界运动大会,中国完全失败,但是我们不要灰心,这正是给我们一个刺激,使我们此后更加努力锻炼!我曾说过:'失败不怕!只要不是世界末日,我们总有希望。'我国健儿此后自当努力十去!希望四年后在日本东京举行的世界运动大会,我们能将锦标夺来!我们应一致依照这种精神努力向前!我中华民族一定能复兴!"

张伯苓第二次错过了奥运会虽然略有遗憾,但教育事业是他从不犹疑的头等大事。事实证明,张伯苓开办南渝中学有着非凡的战略远见,日本侵略中国的硝烟正在加速向全国蔓延,张伯苓的体育和教育事业迅速与爱国主义斗争融为一体,发起了振兴民族、救亡图存的体育抗战。

百年巨匠 张伯苓 Zhang Boling

第十三章 体育抗战

日本为了让傀儡政权伪满洲国得到国际认可，企图强迫刘长春等人代表伪满洲国参加1932年的第十届奥运会，最终阴谋未能得逞，但他们仍然没有死心，又想在远东运动会上故技重施。

1934年，菲律宾马尼拉即将在5月举行第十届远东运动会，这年3月13日，日本体协的山本来到上海，公开向中国体协提出让伪满洲国代表参加这届运动会，王正廷严词拒绝，并明确表态，这个问题没有任何商量的余地！

日本难以让中国体协屈服就转而向菲律宾体协施压，菲律宾随后通知中国和日本，在上海召开中、日、菲三国的常务会议。中华全国体育协进会总干事沈嗣良非常清楚这次会议的目的，他态度鲜明地向菲律宾体协直接回电："上海圆桌会议，我国并不反对，但不得讨论伪组织之参加远东运动会问题。"

王正廷在面对记者的提问时说："伪组织参加问题，如我不予承认，决难成为事实，倘日强其参加，我决退出，以示抵抗。"

中国体协的王正廷和沈嗣良相继表明了立场，社会各界都十分关注中国体育界的领袖人物张伯苓的态度。4月3日，张伯苓在接受《益世报》采访时说道："远东运动会章程，不问讨论何项问题，须经过全体通过，方为有效，有一会员国不同意，即作否决。向来议决事体是从全体不是从多数。这次日本提出伪国参加问题，菲律宾方面答复日本很有意思，他说要参加时节，可问中国去，暗里已表示此一问题，根据会章，须得全体通过。日本来问我国，我们已经拒绝。后来日本又提议开圆桌会议，我们表示开圆桌会议，原则上不反对，惟只能讨论大会章程及关于运动进行事件，中国当然出席，若为谈伪国参加问题，则中国不需要出席此会。现在此事最感困难的是菲律宾。在这圆桌会议开成时，态度实在难拿。假使此次大会，在日本举行，或在我国举行都不成问题。在日本举行，日本可强拉伪国加入，我国可拒绝出席；在我国举行，则一口回绝不许伪国加入。……总之，现在承认伪国问题尚远，藉此会体为承认伪国问题亦远，而会体承认伪国问题更远。如此解释，可以晓得伪国参加大会前途结果如何。"

4月9日上午，中、日、菲三国在上海召开了圆桌会议，曹云祥、沈嗣良作为中国代表出席了会议。日本代表山本在会上再次提出伪满洲国参加远东运动会的议案，中方坚持原来的立场，严词拒绝，日方的盘算再次落空。

1934年5月12日，第十届远东运动会在菲律宾举行。伪满洲国代表没有入会的资格，但日方仍没有放弃。5月19日，第十届远东运动会执行委员会召开了第一次会议。日本企图修改远东体育协会会章，添加"非会员国亦可由主办国邀请加入竞赛"的条款。

日方的阴谋昭然若揭，中方表示强烈抗议，愤然退出了会场，随后，中国宣布退出远东运动会。远东体育协会因中国的退出而宣告解体，远东运动会也就此结束，退出了历史舞台。

张伯苓和全国体协同人与日本和伪满洲国的斗争并未停止，几个月后，张伯苓等人举办了一场酣畅淋漓的体育盛会，将爱国之声传遍了全国。

华北地区是近代中国较早开展体育且运动水平较高的地区，华北运动会也成为北方体育的最大赛事。1934年10月10日，第十八届华北运动会在天津召开。此时正值东北沦陷、榆关失守、热河被占，日本开始蚕食华北，华北民众的抗日情绪日益高涨，第十八届华北运动会也成为中国体育史上一场意义非凡的运动会。

华北运动会最早由张伯苓在 1910 年联合北京基督教青年会、清华学校体育部主任休梅克博士等体育倡导者共同发起筹备。1913 年 5 月，首届华北运动会在北京天坛举办，来自北京、天津、

第十八届华北运动会秩序册封面

山西的 27 所学校共同参与了 14 个大项的比赛。1914 年，第二届华北运动会在北京天坛举行，参赛人数和比赛项目都大大超过了第一届。

随后，每个参赛单位派一名代表，成立了"华北联合运动会"，以倡导举办各种竞赛，促进各自地方体育联合会的建立和发展为主要任务。张伯苓被推选为华北体育联合会的会长。

华北联合运动会创办初期，"办理该会者，多为青年会及西人，国人除少数热心者外，教育当局既不注及此，而一般社会尤其为漠视"。

华北联合运动会在 1929 年时改名为"华北体育联合会"，当时的华北体联还没有固定会址，召开会议都是临时通知，经费主要来自会费、门票和社会募捐。

华北运动会最初在京津两地连续举办了五届。第四届于 1916 年 5 月在北京汇文学校举行，有 27 个学校的 199 名运动员参赛，南开学校在这届运动会上拿下了 7 个单项冠军，以较大的优势获得了团体总

分第一名。当时还是学生的周恩来在南开学校报道这次战果时,称之为"华北大捷"。

1918年后,华北运动会开始向更多地区发展,由北方各省市区轮流举办,张伯苓从第五届运动会开始担任第一执委,他带着华北体育联合会克服重重困难,推动了华北体育的发展。到了30年代,运动会吸引了察哈尔、辽宁、吉林、黑龙江、热河、绥远、河南、河北、青岛、北平、陕西、山西等省区,华北运动会实则已经发展为华北、西北、东北参加的"三北"运动会。

自1913年到1934年,华北体育联合会共举办了十八届的华北运动会。华北运动会仿照奥运会设计了运动项目和竞赛方法,许多运动项目已接近当时的国际比赛项目。大部分华北运动会和远东运动会在同年举行,而华北运动会往往早于远东运动会,因此华北运动会就有了为远东运动会选拔运动员的重任。

在这十八届华北运动会里,南开学校就承办了第三届、第五届、第十届运动会。这三届运动会都在南开学校的大操场上举行,学校举办运动会期间,来自北平、山东、黑龙江等地的30多所学校的运动员大部分住在南开学校的思敏室和自励学会会所,众多青年体育健将汇聚一堂,这也成了南开体育史上的一段佳话。南开学校曾在第四届、第五届、第十届运动会上取得了3次冠军。

第十届华北运动会是意义特殊的。这届运动会因军阀混战而被迫停办,随后从河南开封转移到天津来举办。作为华北体育联合会会长的张伯苓当时做出了一个重大决策,决定本届运动会从筹备到举行,一律谢绝外籍人士参加,完全由中国人自主举办。

中国近代早期的体育运动,一直受到教会学校和基督教青年会的控制。他们把持着体育团体的领导职务,主要的裁判也都由外国人担任。随着国内体育界反对外国人操纵中国体育的斗争不断高涨，张伯苓决定从第十届华北运动会开始，由中国人重新修订华北运动会的章程，所有比赛规则由中国人自主制定，所有比赛术语一律采用国语，所有工作人员都是中国人。

张伯苓的决定引发了中国体育界的一片赞扬和支持，从此，中国人在华北运动会上收回了体育主权，华北运动会从第十届开始，真正成为中国人的运动会。天津《大公报》发文写道："自是而后，华北体育界乃大放曙光，纯为独立国家之体育机关矣。各国对我之批评，亦因是而渐佳，中国之体育人才，亦因是而渐众。"

1931年，第十五届华北运动会对参赛单位进行了重大改革，原来由学校为单位选派运动员改为以省、市、区为单位组队参赛，这项改革极大地调动了各地区参加运动会的积极性。华北区各省市纷纷开始积极申请运动会的主办权。

1933年，张伯苓主持召开了华北体育联合会执行委员会的全体会议，会议决定了第十八届华北运动会在河北省属天津市举行。河北省政府主席于学忠亲自担任这届运动会的会长，张伯苓担任副会长和总裁判长。

张伯苓、董守义、章辑五等176人组成了这届运动会的筹备委员会，当时的天津还没有一个大型体育场，河北省政府遂拨款20万元，用来筹建一座一流的体育场。天津市政府拨款26万元，筹备委员会总共收到了46万元经费，决定拿出36万元来修建一座大型体育场——天津河北体育场。

1934年10月，位于天津北宁公园以东的天津河北体育场如期完工，体育场占地300余亩，整体呈马蹄形，中间为田径赛场，外环是500米长的跑道，整个体育场可容纳3万余名观众，场馆东部和西北部分设了1个足球场、1个棒球场、4个篮球场、4个排球场和6个网球场，还配有休息室和浴室，馆内配有无线电播音和电报装置。天津河北体育场的规模之大、设备之先进，当时在全国乃至亚洲都是首屈一指的。

10月9日上午，筹备委员会在北宁公园礼堂召开了全体职员、裁判员会议，总裁判长张伯苓主持会议，他在会上强调了华北运动会的意义，明确了职员们的职责："华北运动会已举行十七次，本届大会与往年情形，略有不同，兹举二点，申请注意：（一）华北近年民气消沉，吾人可藉大会振作之。（二）际兹国难未已，情势紧张，而群众缺乏爱国思想及团体意识，藉大会之力，可使国民团结，合作不私，表现合作之精神。便吾人欲求做到以上二点，则应：（一）职员小心职务，避免错误，给予观众、运动员以良好印象，盖体育亦含有教育之旨，盼诸君不仅专以训练体格为己任，于精神方面之训导下由职员本身作起，以团体无个人之精神，促大会于至善。（二）倘裁判万一发生错误，则经大会证明宣布重行比赛，盖错即是错，切无含混。此外对参加大会所望：（一）职员努力负责，（二）运动员听从裁判命令，（三）观众来宾守秩序。如此则大会可有成绩矣。"

1934年10月10日，天津河北体育场落成典礼和第十八届华北运动会同时举行。河北省政府主席于学忠、行政院秘书长褚民谊，绥远省主席傅作义、天津市市长王韬、全国体协会长王正廷、全国体协总干事沈嗣良以及军政要人、天津士绅200多人出席了开幕式，英国、美国、意大利、日本、德国等国的驻天津领事也纷纷来到现场，会场上的观众多达三万余人。

张伯苓在开幕式上发表了讲话，提出了几点希望："今天是国庆纪念日，同时为十八届华北运动会开幕日，在国庆日的表现，是要予

在第十八届华北运动会上观看比赛的张伯苓

国家有力的贡献，希望本届华北会，能有几点建设。第一，值此河北省及天津市政府财政困窘之际，酿集 40 万元巨款，筹备此次大会是难能可贵。这是物质上的建设，也是对于国庆日贡献的寿礼。第二，令各单位选手全体参加大会，表现合作，望全国男女运动员，都应注意运动，这是身体的建设。第三，是精神的建设，这是本届大会最应注意的一点。盼此次会进行圆满，而免纠葛发生，则是较前更重大的一点意义。"

本届运动会集结了包括东三省在内的北方 14 个省市的千余名体育运动员。这在中国的体育史上是盛况空前，意义非凡的。

日本在九一八事变后加紧了侵华步伐，他们将体育作为傀儡政权的政治工具，先后让伪满洲国踏足第十届奥运会和第十届远东运动会，妄图分裂中国，不断侵犯中国的领土主权。第十八届华北运动会成为万千中国同胞的一场爱国集会，在这个盛大的集会上，体育运动和爱国主义紧密相连，融为一体！

来自察哈尔、热河、哈尔滨、绥远、吉林、黑龙江、北平、陕西、河南、河北等各个省区的参赛运动员陆续入场，体育场内逐渐沸腾起来。突然间，坐在主席台对面的由南开大学、南开中学、南开女中学生组成的

第十八届华北运动会的入场队伍

"南开拉拉队"开始了振奋人心的表演。

哨笛一响，四百名拉拉队员用黑白两色的手旗打出了"勿忘国耻"四个大字。现场的气氛被瞬间点燃，体育场里响起了狂风暴雨般的掌声。掌声未落，下一声哨声响起，"勿忘国耻"切换为"收复失地"四个大字！

当时没有扩音设备，拉拉队在队长的喇叭筒和一面三角旗的指挥下发出了铿锵有力的呐喊：

华北会，十八届，
锻炼好身体，
休把别人赖，
收复失地在关外。

十八届，华北会，
大刀带长枪，
熊腰又虎背，
敌人见我往后退，

敌人见我往后退。

当东北的运动员通过主席台时，拉拉队齐声高呼：

练习勤，功夫真，
东北选手全有根，
功夫深，资格深，
收复失地靠咱们。

当察哈尔省运动员走来时，拉拉队齐声高喊：

察哈尔，有长城，
城里城外学英雄，
要守长城一万里，
全凭你们众英雄。

现场的3万观众热血沸腾，他们也跟随拉拉队，一遍遍高喊着爱国口号："勿忘国耻！""收复失地！"

观众的呼声响彻云霄，场面极为震撼。当时的天津《大公报》评论道：

十八届华北运动会会场唯一令人注目的要算是南开拉拉队了。开会那天，这五百位男女英雄在三万观众面前，表演他们的拿手好戏，果然是一鸣惊人。看！白色的旗阵，显出黑色的字形，动作的整齐，图样的美观，引起了全场的掌声。"中华民国万岁""勿忘国耻"正在东北选手入场时列起来，加重了全场严肃悲壮的空气，听说有人竟落下了眼泪。

天津的《益世报》写道：

> 在"海怪"严仁颖领导之下，南开拉拉队有男女队员四百人，今晨清早，占据大看台正东面，正对司令台，大占地利，不失天时。天气是炎热，呐喊摇旗之余，莫不汗流浃背。男队员服白上衣，女队员灰上衣，男队员每人手执黑白两面之布幔一只，受严之指挥，临时缀为各种文字。"勿忘东北，勿忘国耻"，"欢迎十八届大会"，"中华民国万岁，万岁，万万岁！"大博观众鼓掌……唱歌词句中如《努力奋斗之歌》："众青年，精神焕发，时时不忘山河碎，北方健儿齐努力，收复失地靠自己"，尤能发人猛醒，其意义非只为运动会助兴也。

南开拉拉队的表演点燃了全场观众的抗日激情，参加开幕式的日本驻津最高长官梅津美治郎却被眼前的场面深深震动和刺痛了，他当场向张伯苓提出抗议。张伯苓只是回应："中国人在自己的国土上进行爱国活动，这是学生们的自由，外国人无权干涉。"

会长于学忠完全赞同张伯苓的观点，他驳回了日方的抗议，并示意拉拉队继续表演。梅津美治郎只能愤然退席，逃离了沸腾的人海。

经过五天的激烈角逐，北平队获得了这届华北运动会的团体冠军，整个运动会期间，焦玉莲、白春育、谭福祯、吴必显4人分别打破了100米、铅球、400米栏、跳高的4项全国纪录，时绍文、张平堂、李士明等15人打破了110米栏、200米栏、800米中长跑等15项华北记录。

10月14日是运动会的最后一天。在各方要求下，南开拉拉队再次登场，进行激情澎湃的助威表演。最后，青岛市市长沈鸿烈、董守义、关颂声和部分运动员一起，把个人奖和团体奖颁发给了整个运动

《益世报》刊登第十八届华北运动会的讯息

会期间表现最为亮眼的南开拉拉队。

1934年10月14日下午，第十八届华北运动会落下帷幕。张伯苓在闭幕式上发表致辞：

> 今天是第十八届华北运动会闭幕典礼，在开会那天，鄙人曾说开会正值国庆纪念日，我们要送一点礼物，就是建设事业。河北省财政困难，送了很大的一个礼物，就是运动场。第一个建设就是华北运动场的物质建设，第二个是全体运动员的精神建设，第三个原希望大家严守秩序，使大会得有完美的结果。本来这种精神建设，事前我不敢确定，现在居然一点问题亦没有发生，已经达到圆满的结果。这种原因，第一样是事前各筹备员，把各种事情筹备得很周密，第二样是各职员各裁判员全都负责任事，第三样是运动员的精神太佳，所以一点问题亦没有发生。
>
> 这次大会的结果，不只在各项运动成绩能打破华北及全国纪录，是在第十八届华北运动会能达到圆满的目的，我们

的希望要进一步的把我们的国家，亦如十八届华北运动会治理的这样好。

从华北运动会上愤然离场的梅津美治郎很快向天津市政府交涉司提出了严正抗议，日本驻华大使馆也向南京外交部提出了抗议。

南京政府让张伯苓约束一下学生，不要有出格行为。张伯苓为了应付政府的指令，就找来了学生领袖们，他在"训诫"他们时说："你们讨厌。"然后训了第二句话"你们讨厌得好！"第三句话是"下回还那么讨厌！""要更巧妙地讨厌！"

南开拉拉队在华北运动会上高唱爱国战歌，刺痛了日本军方，收到了校长的一番"训诫"，但拉拉队在运动会上传递的精神价值和影响力助推了张伯苓在闭幕式致辞中所说的"居然一点问题亦没有发生，已竟达到圆满的结果"，这次南开拉拉队的负责人之一正是张伯苓最小的儿子张锡祜。

张伯苓一手创办的华北运动会，自1913年创办以来，总共举办了十八届。他长期担任华北体育联合会第一执委，担任了第四届、第五届、第十届、第十三届运动会的会长，担任了第十二届、第十四届、第十五届、第十六届、第十七届和第十八届运动会的总裁判长。而第十八届华北运动会的意义已超越了体育竞技本身，这届运动会成为宣传抗日救亡的一场爱国盛会。

1937年，张伯苓担忧的战事来临，"七七事变"爆发，日本发动了全面侵华战争，华北体育联合会因经费问题和华北地区的沦陷而被迫解散。在国内举办时间最长、参加范围最广、水平最高、影响最大的华北运动会在第十八届华北运动会的体育高光中画上了句号，而比赛场上的爱国呼声和体育精神却在无数国人心里延续了下去。

百年巨匠
Century Masters 张伯苓 Zhang Boling

第十四章 毁灭与重生

九一八事变一周年时，南开大学校钟先敲 9 响，再敲 1 响，最后敲 8 响，以钟声警示国人，勿忘国耻。南开大学很早就走在了抗日救亡的最前沿，成为天津抗日爱国运动的中心之一。

张伯苓在 1927 年成立了东北研究会，研究东北局势，揭露日本侵略东北的野心和罪行，编写了《东北地理教本》，将其列为南开中学的必修课程。九一八事变爆发后，南开学生组织成立了由张伯苓担任主席的国难急救会，并加入了天津中等以上学校抗日救国会。1935 年，日本侵略军进犯华北地区，制造"华北事变"，引发了平津危机。南开学生响应北平的"一二·九"运动，与天津各高校的学生一起举行了声势浩大的反日爱国游行。

南开师生为了推动抗日爱国运动，积极深入农村、小学校等地方，进行大范围的爱国宣讲，扩大抗日救亡的群众基础。南开全校师生在张伯苓的带领下高举抗日救亡的旗帜，成为这个时代的精神先锋，让野心勃勃的日本帝国主义如芒在背，如鲠在喉！

1937 年 7 月 7 日，轰隆的枪炮声在北平的卢沟桥响起，日本发动了全面侵华战争。天津作为日本华北驻屯军司令部所在地，形势日益危急。日本在发动军事进攻的同时，开始有计划、有目的地毁灭中国的教育机构，第一个遭到日军疯狂轰炸的中国高等学府就是南开大学。

著名记者伊斯雷尔·爱泼斯坦在《人民之战》一书中，写下了这样一幕：

午后，一切是平静的。外国记者又为日本报业会招集去。雅致的受有英国教育的队长说："先生们，今天我们要轰炸南开大学。"

"但是，这又有何理由去轰炸一个世界闻名的教育机关呢？"

"先生们，南开大学是反日的基础。我们必需毁掉一切反日的基础。"

"你是什么意思？"

"南开学生是反日的，是共产主义者。他们常常找我们的麻烦。"

此时的张伯苓正在南京与北京大学校长蒋梦麟、清华大学校长梅贻琦等教育界人士共同谋划教育改革和制度方针。

1937年7月28日，侵华日军对天津发动了全面进攻。到了深夜，日军开始对南开大学进行疯狂的轰炸。

爱泼斯坦在书中写道："在7月29日夜里2点钟，天津市内战争开始。中国地区整天遭受炮击和空军轰炸。郊区的南开大学遭受猛烈轰炸，几乎夷为平地。市内大火蔓延，无法扑灭。"

当时正值学校暑假，大部分同学已经离校回家，留在学校的只有师生工友100多人。秘书长黄钰生等人为了应对事变，提前决定动员留校学生回家，他和几位教职工以及少数学生留下来护校。自7月24日起，他们紧急整理图书和教学仪器准备外运。待全校90%的重要物资装车后，他们租用了两辆汽车，将这些物资运往租界。由于日军的阻拦，最终只有一半物资被成功运出。

南开木斋图书馆被炸前后对比

南开秀山堂被炸前后对比

7月29日这天,日军派出的飞行第六大队用"九二式50千瓦炸弹"对南开大学进行轮番轰炸,学校的秀山堂、芝琴楼被炸毁,木斋图书馆也部分被毁。29日下午,日军暂停了炮轰。随后,一长列日军汽车开到南开大学,抢劫学校尚未搬走的图书,大量珍贵的图书和成套的外文期刊被转运到了海光寺。重达一万三千余斤、刻有《金刚经》全文的校钟也被日军劫掠。

"轰炸之不足,继之以焚烧",30日下午,百余名日军骑兵和满载煤油的多辆汽车闯进了南开大学,在学校和附近村庄肆意纵火。7

月 30 日的上海《申报》报道了当时的情况："秀山堂、思源堂（以上为二大厦，均系该校之课堂）、图书馆、教授宿舍及邻近民房，尽在火烟之中，烟头十余处，红黑相接，黑白相间，烟云蔽天。翘首观火者，皆嗟叹不已。"

张伯苓苦心经营 33 年的学府被摧毁殆尽，最终只剩下一座思源堂矗立在南开大学校园里。

根据 1943 年 9 月 25 日《私立南开大学抗战期间损失报告清册》的数据统计，南开大学在这场劫难中的损失按战前价值估算共计法币 663 万元，约占当时全国高等学校全部战争损失的 1/10。

日军炸毁了南开大学，也将炮火对准了南开中学和南开女中，7 月 30 日下午，日机分批轰炸南开中学，三四架飞机轮番投弹。晚上又放火将女中部、初中部和教职员宿舍焚毁，30 栋楼房、5 万册中西文图书以及全部基础设施被毁。

7 月 31 日，蒋介石约见张伯苓等人，张伯苓一表抗战到底的决心，慷慨陈词道："南开已被日军烧掉了，我几十年的努力都完了。但是只要国家有办法，能打下去，我头一个举手赞成。只要国家有办法，南开算什么？打完了仗，再办一个南开。"

《中央日报》为张伯苓的言论发表了"社评"："62 岁的老人，34 年苦心经营的学府，一朝毁灭，而所表现的态度，乃'重为南开树立一新生命'。这就是南开精神。"

8 月 2 日，张伯苓的四子张锡祜作为空军飞行员从江西吉安奔赴抗日前线，他在出征之前向父亲致函：

……昨见报载南开大中两部已均被日人轰炸焚毁，惨哉！大人数十年来心血之所积，一旦为人作无意识之消灭！

> 然此亦可证明大人教育之成绩！因大人平日既不亲日，又不附日，而所造成之校友又均为国家之良才！此遭恨敌人之最大原因！而有如此之毁灭！然此又可谓大人教育成功之庆也。
>
> ……
>
> 望大人读此之后，不以儿之生死为念！若能凯旋而归当能奉双亲于故乡，以续天伦之乐；倘有不幸，虽负不孝之名，然为国而殉亦能慰双亲于万一也。

就在这个月，张伯苓又收到一个噩耗，爱子张锡祜在 8 月 14 日执行作战任务时，因飞机失事，不幸以身殉国，年仅 26 岁。

张伯苓隐忍着剧痛，沉默了很久，随后说道："吾早以此子许国，今日之事，自在意中，求仁得仁，复何恸为！"

前路纵使千难万险，纵有再多的打击，张伯苓始终不改爱国救国之志，无悔抗日之心。10 月 16 日，张伯苓向《大公报》致电：

> 南开被毁，精神未死，本月十七日为南开中学三十三周年，南大十八周年，南开女中十五周年，南开小学九周年，及南渝中学一周年纪念，均在重庆南渝中学盛大举行。南渝本年有学生七百余人，新建校舍有女生楼、科学馆及宿舍等，前途发展，甚有希望。教育报国，苓之夙愿，此身未死，此志未泯。敌人所能毁者，南开之物质，敌人所未能毁者，南开之精神。兹当南开学校周年纪念之日，图望全国南开校友纪念学校，本南开苦干之精神，为国家民族努力。现敌焰仍炽，国难严重，我全国民众均应有前方将士壮烈牺牲之精神，一致奋起，共同抗敌。矧正义人道自在人心，国际情势已呈好转，倘我能真诚团结，继续奋斗，任何牺牲在所不惜，则最后

胜利必属我国，中国之自由平等必可得到。

南开被炸半月之后，张伯苓收到了国民政府教育部准备设立长沙临时大学的密电。1937年8月28日，长沙临时大学筹备委员会在南京成立，南开大学校长张伯苓、北京大学校长蒋梦麟、清华大学校长梅贻琦为筹委会常委。随后，南开大学和国立北京大学、国立清华大学奉教育部秘谕合迁湖南，共同组成"国立长沙临时大学"。

11月1日，国立长沙临时大学在长沙正式开课。三校的院系合并调整为文、理、工、法商4个学院，共17个系。

南开一直与北大、清华有"通家之好"，三位校长也是多年情谊深厚的好友。梅贻琦是南开中学堂的第一届学生，蒋梦麟曾是南开大学校董会的董事，多年参与南开的校政。

蒋梦麟身体欠佳，他的父亲年近八旬，还滞留在杭州。他担心难以全身心兼顾三校事务，便找到胡适，请他代为转告自己的想法。于是，胡适向张伯苓和梅贻琦致函："虽职务各有分配，而运用应有中心。伯苓先生老成持重，经验毅力为吾人所钦佩，应请主持一切。"

蒋梦麟、胡适的真诚令人感动，北大和清华两所国立强校与南开这所规模相对较小的私立学校联合办学，蒋梦麟和梅贻琦两位大学掌舵人都从大局出发，请张伯苓主事，尽显了君子风范，但张伯苓也没有接受盛意，三人均彼此谦让。

最后，联大没有设置校长，由清华、北大和南开三所学校的校长与联大秘书主任杨振声组成的常务委员会来领导全校，而实际校务多由梅贻琦主持。三位校长在互敬互重的氛围之下，共同用心谋划着联大的发展。

常务委员会每周举行一次会议，研究讨论学校的重要事宜，比如人事安排、经费收支，以及一些专门委员会的设立和撤销事项，常务委员会作出事项的最终决议后，再由各部门去一一执行。

张伯苓兼任了军训队长和战时后方服务队总队长，三校学生全部接受军事化管理。张伯苓把学生们分编成若干大队、中队和小队，并按照这些编制来排定床位。学校住校的男生和借读男生均自11月29日起一律穿着制服，学生们必须遵循军训队的奖惩规则和作息时间。

当时，长沙当地有不少宅院的主人举家逃离，空出了许多房子，一间民房的租金为每月二三元。联大高年级的学生有不少人住在外面。而学校对学生的住宿管理十分严格，学生如果不在学校住宿，需要校医提交相关证明，再经教务处批准通过。

1937年11月17日，张伯苓在长沙临时大学南开校友聚会上发言，提倡坚定长期抗战的信念，发扬救亡图存的精神："近几天来东北两战场，我军阵线因战略的移动，是不会影响抗战前途的，一般对国内外情势不大明了的人，不免发生一种惶惑的情绪，于是有不少汉奸，便乘机散布谣言，企图扰乱人心，这都是应该加以纠正和制止的。目前军事上的小挫，不足忧虑，而最后胜利是有绝对把握的。中日战争就好像一场赛球，第一局中国输了，公证人将银角一吹，这算是中国输了么？不，这不算输，因为战局还要继续进行。中国抗战没有终止的日子，除非失地完全恢复。中国武器不如人，飞机大炮没有人家多，暂时的失利，这是我们自己早已料到的，也是世界各国早已明白的。但是我们精神好，明明知道武器不如人，还要争国格，求生存，不甘做亡国奴，一致奋起和侵略者对抗，并且决心长期抵抗，这一点就是中华民族的胜利，各友邦同情援助的原因。"

临大文学院设在衡山半腰的圣经学校分校，南岳分校在11月16日开学，19日开始上课。分校的教学条件极差，既没有图书，也缺少教材，甚至连小黑板也不够。教授随身带出来的参考书不多，有时还要到南岳图书馆去查找资料，讲课时只能在原有的讲稿上作一些修订补充。英籍教师燕卜荪讲莎士比亚时，只能凭借记忆把莎士比亚的作品打印出来，分发给学生当教材。

到了晚上，菜油灯的光线十分暗淡，学生们难以在灯下看书，他们也无书可看，师生们便在宿舍里讨论战争局势、交流学术知识。

男生所住的宿舍是向陆军借用的第四十九标营房，营房是两层木结构的建筑，十分陈旧，屋内光线很暗淡，楼上的光线稍微好点。经过修理之后，营房的底层仍然比较潮湿，学生都在地板上睡觉，一到下雨天，宿舍就多处漏水，学生只好在被子上盖一块油布，有的学生甚至还会撑着雨伞安睡。

有一天，张伯苓、蒋梦麟、梅贻琦三人委在秘书主任杨振声的陪同下巡视宿舍。蒋梦麟看到学生宿舍如此破旧，认为这样的条件会影响学生的身心，不适合居住。

张伯苓却认为国难之际，政府在这样困难的情况下还能照顾到学生的学业，已经十分可贵，学生们也应该接受一些锻炼。梅贻琦曾是张伯苓的学生，不好表态。蒋梦麟随后说道："倘若是我的孩子，我就不要他住在这宿舍里！"

张伯苓也坚定地说："倘若是我的孩子，我一定要他住在这宿舍里！"

在这期间，张伯苓时常奔波于重庆、汉口、长沙之间。他一边出席临大的常委会议，商讨三校联合办学的各类问题，一边还要为重庆南渝中学筹募经费。南开教授柳无忌曾在给其父柳亚子的信中写道："张校长于(十一月)十三日抵长，留长十余日，即将乘长途汽车去桂林。年老了这样旅行，真是不易。"

随着战事继续恶化，上海、南京相继沦陷，武汉告急，日军开始频繁空袭长沙。国立长沙临时大学只能再度迁校，西迁至昆明。

1938年3月初，张伯苓飞往昆明，与蒋梦麟、郑天挺、周炳琳、吴有训等人一起研究迁校事宜。他和蒋梦麟一起拜会了云南省政府主席龙云，商谈借用校舍的事，随后又频繁拜访了云南省教育厅厅长龚自知、云南大学校长熊庆来等人，为临大的顺利迁校创造有利条件。

国立长沙临时大学分三路入滇，开始了浩浩荡荡的西迁之行。他们一路人沿着粤汉铁路到广州，经香港乘船抵越南海防，再由滇越铁路到达昆明。一路人乘车沿着湘桂公路经过桂林、柳州、南宁，过镇南关抵达越南河内，再由滇越铁路到蒙自、昆明。一路人组成了"湘黔滇旅行团"，徒步横跨湘黔滇三省。

全校师生行军68天，辗转湘、黔、滇三省，行程3000余里，最终在4月28日抵达了昆明，这段兵分三路、水陆并进的高校西迁史被誉为"教育史上的长征"。国立长沙临时大学于4月2日正式更名为"国立西南联合大学"。

1938年5月2日，国立西南联合大学在昆明举行了开学典礼。2天后，西南联大蒙自分校开始上课。11月30日，学校在第95次常委会上确立了"刚毅坚卓"的校训，以示联大人的气节风骨。国难之际，三校师生同舟共济、共度时艰。

西南联合大学的教师分别由三校自行聘任，再由西南联大加聘。此外，西南联大也会专聘一些教师。三校学生继续保留原校的学籍和学号，联大统一招收的学生则编入联大籍，学号分别标为N（南开）、P（北大）、T（清华）、A（联大）。

1940年4月，南开大学的一批图书仪器辗转运到了昆明，加上后

国立西南联合大学校门

　　来添置的图书，学校共有中西文书籍 14036 册、期刊 252 册，全部陈列在联大图书馆里，供联大各系教学使用。

　　西南联合大学成为一所多学科、多层次、多规格的综合性大学，是当时国内规模最大的高等学校。1941 年后，全校已有文、理、法商、工、师范 5 个学院，26 个学系，2 个专修科、1 个先修班，还有 5 个研究所，下设 19 个学部。

　　南开大学的黄钰生担任师范学院院长，陈序经任法商学院院长，杨石先任理学院化学系主任，张克忠任工学院化工系主任，柳无忌、冯文潜、孟广喆分别代理过外文系、哲学心理系、机械系的主任。

　　三校的教师一直都有密切往来，其中的许多教授都常来南开大学讲学。北大教授丁文江、陶孟和、胡适等人是南开大学的校董，原来在南开执教的罗常培、汤用彤、余文灿、饶毓泰等人陆续去了北大任教，而北大的教师吴大猷、江泽涵、钱思亮、申又枨、郑华炽、殷宏章等人又都是南开的学生。南开大学的教授张彭春、杨石先、黄钰生、罗隆基、张希陆等人曾在清华读书，清华教授李济、蒋廷黻、肖叔玉、刘崇鋐、李继侗等人都来自南开大学。

西南联大融合了三校的优长，汇集了三校的师资，教师阵容雄冠全国，可谓是大师云集。三校的教育理念和学风精神相互交融，彼此影响，孕育出了西南联大的教学新面貌。

张伯苓在1942年8月26日接受《新华日报》记者专访时曾说："南开与清华、北大三校组成的西南联大，我敢保险在抗战时期，是决不会像其他学校一样中途分开的，但在抗战胜利后也一定要分开，因为这三校都有着不同的特点，这些优点是应该保留着的。"

在西南联合大学时期，北京大学、清华大学、南开大学三校为了方便处理各校事务，在昆明分别设置了办事处。北大、清华的办事处保留了原有的行政和教学组织系统，都有着相当的规模。而南开大学办事处保持了学校一贯的精干作风，工作人员不过五六人，黄钰生负责办事处的主要工作，管理学校经费、师生的生活等事宜。

重庆南渝中学正处在快速成长的时期，年过花甲的张伯苓长期在昆明和重庆两地来回奔波，后来便常住重庆，遥顾西南联大的校务，黄钰生每遇到西南联大的重要事项都要请示在重庆的张伯苓。

当时，云南地方政府打算修一条由石屏通往佛海的省内铁路，决定从建筑经费中抽出一笔专款，委托一个单位针对修路涉及的各方面问题进行调查研究。云南省建设厅厅长龚仲钧就找到张伯苓，委托南开大学完成此项工作。张伯苓一直在考虑如何在昆明"协助推进边疆教育"，恰逢石（石屏）佛（佛海）铁路的事出现，他便抓住这个大好机会，接下了石佛铁路的调查工作。

1942年，南开大学"以边疆人文为工作范围，以实地调查为进程，以协助推进边疆教育为目的"成立了边疆人文研究室。在黄钰生、冯文潜的具体领导下，研究室聘请社会学、人类学研究专家陶云逵教授担任研究室主任，全面主持工作。陶云逵带领邢庆兰、黎国彬、高华年等研究人员深入云南边远地区，对红河哈尼族、彝族、傣族、文山苗族、纳西族等少数民族的语言、风俗、社会经济和人文地理开展调查。

研究室收集了大量珍贵的文物和有科学价值的文献，将重要的调查成果提供给了石佛铁路筹备委员会。

1943年8月，张伯苓复函冯文潜，对研究室的工作给予了很高评价："寄来之语言研究工作报告业已阅悉。内容详实，蔚为大观，足征吾弟对于研究工作计划周详，始有此良好成绩。尚望继续努力，俾能对于我国文化多有贡献。"

研究室创办了学术刊物《边疆人文》，刊物分为了甲、乙两种，甲种为语言人类学专刊，乙种为综合性双月刊。著名学者罗常培、闻一多、向达、罗庸、袁家骅等人都在刊物上发表过重要文章，其中，闻一多的两篇重要文章《说鱼》和《伏羲考》就发表在了《边疆人文》上。

在物质紧缺、经费有限的条件下，研究室的工作人员自刻蜡版，完成分工油印、装订、寄发的工作。《边疆人文》从1943年到1946年，在昆明油印了3刊3卷，共计18期，发表论文31篇，成为抗战时期的重要学术刊物。

西南联大的科学研究机构仍然分属三校，南开大学的研究机构主要是经济研究所和边疆人文研究室。经济研究所一直设在重庆南渝中学，由何廉继续担任所长。

战争持续多年，全国经济持续衰退。自1939年起，昆明的物价就开始直线上升，随后以几何级的趋势猛增。1941年1月，西南联合大学向国民政府教育部复电，汇报上一年11月、12月的昆明米价，米价在1937年时还是每石8元，短短三年就长到了10倍，变为平均每石80元。到了1942至1943年间，昆明的物价较抗战以来涨了300倍。1943年后，西南联大教授的月薪已经从战前的300多元降到了实际价值8元3角的程度，这点薪水只够勉强维持一家人半个月的最低生活。

算学系教授姜立夫患有胃溃疡、十二指肠出血，他只能把糙米磨成粉面来充饥，化学系主任杨石先靠典当衣物勉强度日，但他还时常资助其他困难学生。边疆人文研究室的主任陶云逵是张伯苓的学生，他在南开大学时还没有毕业就去了德国留学，师从著名人类学家欧根·费雪尔（Eugen Fisher），获得了人类学博士学位。他回国加入边疆人文研究室之后，日日操劳，在极其困难的条件下坚持调查研究工作，最终因劳累和贫困，在不到40岁的年纪就去世了。

许多教师不得不做些兼职来贴补家用，学生们更是艰苦，宿舍和教室多是夯土修筑的茅草屋，杨石先曾回忆说："当时还有一种铁皮顶的教室。夏天泥地上长草，雨天铁皮顶奏乐，讲课要大声喊叫才行。"

学生们吃的是掺杂了秕子、泥巴、沙子和老鼠屎的"八宝饭"，即使是这样的饭菜也并不充足。有些学生因营养不良晕倒在课堂上，还有一些学生因为生病而被迫休学。

西南联合大学的师生们在种种艰难困苦中发扬着"刚毅坚卓"的联大精神，坚持着学业，他们心中所愿正如西南联大的校歌《满江红》中所写：

万里长征，辞却了五朝宫阙，

暂驻足，衡山湘水，又成离别。

绝徼移栽桢干质，九州遍洒黎元血。

尽笳吹、弦诵在山城，情弥切。

千秋耻，终当雪；

中兴业，须人杰。

便一成三户，壮怀难折。

多难殷忧新国运，动心忍性希前哲。

待驱除倭虏，复神京，还燕碣。

在山河破碎、战火纷飞的岁月，西南联大学子们的爱国热情持续高涨，学校出现了3次较大规模的从军热潮。从1937年全民族抗战爆发到1945年抗战胜利，国立长沙临时大学和国立西南联合大学有册可查的报国从军学生多达1100多人。

从1938年到1946年，西南联大的在校学生约8000人，毕业生多达3886人，这所当时国内规模最大的高等学府培养出了大批"兴业之才，治国之士，学术大师"，其中就有杨振宁、李政道两位诺贝尔奖获得者，还有78位中国科学院院士，12位中国工程院院士。曾在西南联合大学任教和学习的著名学者和大师不胜枚举，西南联合大学在极端艰难的条件下，以非凡的成绩蜚声海内外，成为"战时高等教育体制的杰作"，创造了中国高等教育史上的一个奇迹。

第十五章 南开生命的延续

> 大江东去我西来，北地愁云何日开？
> 盼到蜀中寻乐土，为酬素志育英才。

1935年，张伯苓乘民生轮船公司的民权轮入川，去重庆出席会议，他在12月2日路过湖北石首的时候，见江涛奔涌，有感而发，作成了这首七绝诗。这次入川之行中，张伯苓萌生了一个重要决定。

张伯苓到达重庆后，40多位南开校友热情相迎，带他一览了重庆的大好风光。7天之后，张伯苓又去了成都，他与成都的校友们欢聚一堂时，向他们谈起了华北的危急形势，当时有校友提议南开应在四川设立一所学校，张伯苓听后深受启发。他再次回到重庆考察了一番教育环境，决定在这里建一所学校。

张伯苓回到天津后，华北的局势日益严峻，他入川建校的想法更为紧迫。1936年1月中旬，他同时给行政院长蒋介石和教育部长王世杰写信，申请设立重庆南开中学分校。

张伯苓很快获得了当局的支持和一笔建校经费，随后立即致电南开中学主任喻传鉴，让他快速启动筹建学校的工作。2月6日，喻传鉴和严伯符、宋挚民就来到了重庆，开展建校工作。

张伯苓原本打算将新建的中学定名为重庆南开中学，但按照部章，私立学校不准设立分校，因此将学校定名为南渝中学。3月15日，张伯苓在天津向南开校董会汇报了筹设中学的情况，他在会上说：

"近以华北环境日渐恶劣,支撑现状已属困难,实难再求发展,又查四川地理上为西部要区,历史上号称天府,绾毂滇、黔、湘、鄂、陕、甘等省,将来发展未可限量。以如此首要之区,实有设立中学需要,爰定在重庆设立南渝中学,现已由南开中学主任喻传鉴同建筑科员严伯符等筹备一切。"

南渝中学的建校工作开展得非常顺利,喻传鉴等三人很快选定了校址,买好了土地。校址最终选在重庆市外30余里的沙坪坝,校区虽然离城略远,但交通十分便利。约400亩的校区位于嘉陵江畔、歌乐山麓,这处远离了城市喧嚣的山水清幽之地,风景极美。

5月中旬,新校址开始破土动工,修建校舍,同年8月底,第一期工程就顺利竣工。新校建有一座二层楼房,有讲室22间,因目前的班次不多,讲室暂有富余,后续打算将多余的讲室改为办公室、图书室、仪器室、实验室等。新校还建有一座礼堂兼风雨操场,可容纳学生800余人,建有一座宿舍楼房,可接纳学生300余人,建有七所教职员住宅,还有一所供400余学生使用的食堂以及盥洗室、浴室、厕所等配套设施。

新校兴建期间,学校的招生工作也在同步进行,学校在渝、蓉两地分别招考新生,总共取录学生200余人,分设高中一年级和初中一、二年级。

南渝中学的招生格外火爆,让张伯苓十分惊喜。他回想起从前南开学校刚刚成立时,只有70多个学生,现在南渝中学还没成立,就有近千人来报考,学校按照招生标准很快完成了200余人的招生工作。

1936年9月10日,南渝中学正式开学。张伯苓出席了开学典礼,典礼由喻传鉴主持。喻传鉴曾是南开中学堂的第一届毕业生,如今的他迎来了南渝中学的第一届学生。

9月11日,南渝中学正式开课,共有六个班级,初中四个班,高中两个班,共有学生217人。11位教员,一部分是南开旧同人,特意过来帮忙,一部分是新聘的教员,他们有的毕业于南开大学,有的在他校任教多年,皆是精兵强将。

张伯苓在筹建南开大学时,创造了当年建校、当年招生、当年开学的"南开速度"。如今,他在重庆再现了当年的办学奇迹,又一次实现了当年建校、当年招生、当年开学的"南开速度"。

重庆南渝中学很快凭借高质量教学吸引了越来越多青年学子来校求学,学校随之急速扩张。张伯苓在12月份去了成都,他见到教育厅厅长蒋志澄之后,接受了一份新的委托,开办女中部。张伯苓准备在明年暑假之后在重庆南渝中学增设女中部,女中部分为高中、初中两部,共计五六组,所有经常费一律由政府按照省立学校的经费预算,全数补助。但校舍和设备等建设费用需要本学校自行解决。由此,张伯苓又开始紧锣密鼓地筹集办学经费。

1937年11月中旬,张伯苓在长沙临时大学所在的长沙圣经学校演讲,他欣慰地提到了正在蓬勃发展的重庆南渝中学:"我心里真愉快极了,绝不是许多关心南开的人们所料的那样。有什么值得伤心的呢?房子毁掉!算了!再盖更好的!他们毁掉天津的南开,许多更活泼更有希望的南开又开始在各处成长起来。在四川,我们又添了一个小妹妹——南渝中学——大家有机会都可以去看看,还不到一年的功夫,无论在物质方面,精神方面,一切都已经超过原来的南开多多了。"

重庆南渝中学的学生在第二年增至1000人,到了1938年就增至1500人。重庆南渝中学的规模正在逐年变大,很快,它又迎来了第一

重庆南开中学校门

个新的变化。

  1938年9月25日上午,南渝中学召开了第三次董事会,张伯苓在会上提出了一个特别的议案——"南开校友建议更名案",他在会上说道:"本校创办之初,原拟定名为重庆南开中学,因按照部章,私立学校不准设立分校,始定名为南渝中学。抗战军兴,南开被敌摧毁,蒋先生曾云'有中国即有南开',战后固可恢复南开固有规模。惟抗战已成长期,虽最后胜利必属于我,然欲于短期内在津恢复'南开'亦殊不易,故校友会有此建议。"

  重庆南渝中学最终如张伯苓所想,成为南开学校教育生命的延续。董事会最终决定在本年10月17日举行第三十四周年纪念会时正式宣布,本校更名为"南开学校"!

  短短几年时间里,张伯苓把沙坪坝的数百亩荒地改建成了一座大花园。来学校参观的人纷纷惊奇地赞叹道:"沙坪坝变了,南开学校焕然新貌,张校长是一个魔术师啊!"

张伯苓笑着说："不是魔术师，我是一个不倒翁，日本人把我打倒了，我随手又起来了，今天我在建设一个雄伟壮丽的教育基地，准备建设新中国。"

1939 年到 1941 年，重庆经常遭受敌机轰炸，一些重要的教育机关也没能幸免。

重庆南开中学在一开始设计时，就做好了应对敌军来袭的准备。学校的各个楼座之间都是分散的，楼房围绕着大运动场一圈进行修建，每栋楼都相隔很远，即使是住宅之间都预留出了宽阔的火巷。日机就算是飞来集中轰炸，也不能轻易把重庆南开中学荡平。

重庆南开中学两次被敌机投弹，1941 年 8 月这一次最为惨烈，敌机以南开为目标，投下了 20 余枚弹，一座校舍直接被炸毁。敌机离开后，南开学校固然损失很大，但张伯苓依旧镇定冷静，他抓紧时间开展校园的修复工作，帮助学生继续学业。当时，有人担忧地问他："日机若再来轰炸，怎么办呢？"

打不倒的张伯苓无畏地说："再炸再修！"

1943 年，在南开学校成立 39 周年之际，张伯苓总结自己的教育事业，在 10 月 17 日写下了一番感言：

> 南开之有今日，实诚不易。严馆开始时，学生仅五人，中学成立时学生亦只七十三人。经三十余年惨淡经营，教职员同人齐心协力，学生年年增加，设备逐年扩充，至重庆南开，创始于军兴之前，成长于抗战之中，规模设备，在后方中学中，亦称仅有。盖南开过去，无时不在奋斗中，亦无日不在发展中，南开学校如果算是成功的话，则一部南开史，实一部奋斗成功史也。

我过去工作，可分三个阶段：自中学创始至大学成立，为第一阶段；大学成立至南开被毁，为第二阶段；今后尽其余年，致力于教育及建国工作，当为第三阶段。第一阶段，惨淡经营，致力于中学；第二阶段，竭尽心力，多为大学奔走；至于计划复校，协助建国，则当为一生事业第三阶段中之主要工作。在第一阶段，学校创设伊始，规模虽小，费力实多。至第二阶段，学生日多，规模日宏，费力大成功亦大。今后到第三阶段，深信以同样之努力，定可得加倍之成功。

1944年6月21日，美国副总统华莱士由乌鲁木齐飞抵重庆，他在陈立夫、顾毓琇的陪同下参观了重庆南开中学。张伯苓在会客室接待华莱士，并与他进行了一番谈话。

华莱士：贵校所注意之课程为何？

张伯苓：一般科学、生物学及化学等。

华莱士：有无外国文学课程？

张伯苓：英语为学生所必修。

华莱士：学生用费如何？

张伯苓：在物价高涨情形下，学生目前之负担尚不甚重。

华莱士：学生升大学之百分比率如何？

张伯苓：约有百分之九十五升入中央大学、西南联大及成都各大学等。

华莱士：攻读农业之学生有多少？

张伯苓：约百分之五。（顾毓琇：中国约有五千余学生攻读农业学科。）

华莱士：中国有若干人民从事于农事工作？

张伯苓：约有百分之十以上。

华莱士：学生健康状况如何？

张伯苓：尚佳，惟学生患沙眼等疾病。

华莱士参观了重庆南开中学，对战争期间中国教育十分赞叹，他对南开的全体学生发表了讲话，这番恳切发言被刊登在了第二天的《大公报》上："我知道你们都很尊重师长，并且我也知道你们都可升入大学读书。我相信你们都是中国未来的社会领袖，因为你们均可升入大学，所以你们亦必能肩负重任。希望努力工作，将来中国可成为一世界上最强大的国家，我更希望中国将来能一跃而为工业化电气化的国家。中国为一历史悠久的古国，欲求工业化，自必须要西方的科学援助，我深信中国一定会成为一个很强盛很和平的国家。"

就在同年10月17日，张伯苓写下了《四十年南开学校之回顾》，他在文中总结了南开学校的创校动机、办学目的和训练方针：

> 南开学校为实现教育救国之目的，对于学生训练方针，特注重下列五点：
>
> 一曰，重视体育。强国必先强种，强种必先强身。……
>
> 二曰，提倡科学。我国科学不发达，物质文明远不如人。故苓当办学之初，即竭力提倡科学。……
>
> 三曰，团体组织。国人团结力薄弱，精神涣散，原因在不能合作，与无组织能力。……
>
> 四曰，道德训练。教育为改造个人之工具。但教育范围，绝不可限于书本教育，知识教育，而应特别注重于人格教育，道德教育。……
>
> 五曰，培养救国力量。南开学校系受外侮刺激而产生，

故教育目的，旨在雪耻图存；训练方法，重在读书救国。……

上述五项训练，一以"公能"二字为依归。目的在培养学生爱国爱群之公德，与夫服务社会之能力。故本校成立之初，即揭橥"公能"二义，作为校训。惟"公"故能化私，化散，爱护团体，有为公牺牲之精神；惟"能"故能去愚，去弱，团结合作，有为公服务之能力。此五项基本训练，以"公能"校训为指导原则。而"公能"校训，必赖此基本训练，方得实现。分之为五项训练，合之则"公能"二义。允公允能，足以治民族之大病，造建国之人才。

经过几十年的教育实践，张伯苓的教育理念和思想已日渐成熟，自成体系，他对教育事业的热忱有增无减，对救国兴国的决心日久弥坚，亦如他在《四十年南开学校之回顾》里最后总结道：

苓行年七十矣！但体力尚健，精神尚佳，不敢言老。今后为南开，为国家，当更尽其余年，致力于教育及建国工作，南开一日不复兴，建国一日不完成，苓誓一日不退休，此可为我全体校友明白昭告者也。

第十六章 复兴南开

第十六章 复兴南开

1944年，张伯苓年至70岁。年初之时，南开校友总会发起募集"伯苓四七奖助基金"运动。"伯苓四七奖助基金"包含两个内容，一是庆祝张伯苓创办南开学校四十周年，二是庆祝张伯苓七十寿辰。

校友总会将基金的预定目标设为40万加70万，即是110万元，基金募集活动很快活跃起来。4月5日，就在张伯苓七十大寿这一天，整个山城都沸腾了。美国发文描述了当时的轰动场面："4月5日，重庆及附近地区所有的道路似乎一下子都通向了沙坪坝，著名的南开中学所在地。城市的显贵们乘坐着豪华轿车，次一等的显贵们坐着雪弗来和福特。本来就拥挤不堪的公交车变得更加拥挤。南开的张伯苓正在庆祝他的寿辰，中国战时首都的精英们都来向他们国家最令人尊敬的职业中最令人尊敬的这个人表达敬意。"

张伯苓一身长袍马褂，向前来祝寿的亲友一一致谢。周恩来和邓颖超为张伯苓送来了条幅，国民政府及重庆党政军要员、文教工商界名人纷纷赠送寿幛、寿文和贺词。陶行知为张伯苓赠诗一首：

张伯苓在运动场上的留影

> 有中国必有南开，两园桃李一手栽。
>
> 从心所欲不逾矩，凯歌重上八里台。

陶行知还专为"两园桃李一手栽"作了一个小注，"国共两党中皆有先生高足"。其中周恩来、吴国桢、张道藩、张厉生等人都是南开校友。

吴铁城、邵力子、许世英、何应钦、白崇禧、张治中、王正廷、卢作孚等 200 多人前来致贺。下午的庆祝会上，12 个校友分会代表、中学部 37 个班、大学部 17 个班代表、严氏家馆、师范班、高等师范班共 500 多人来向张校长祝寿。

庆寿晚餐过后，还有游艺活动和京剧表演，到了第二天，还有文艺活动。校友们为校长演出老舍的话剧《桃李春风》，还特意邀请了校友黄宗江和蓝马参演，张伯苓、周恩来等人都去看了黄宗江等人精心准备的演出。张伯苓的七十大寿精彩纷呈，热闹非凡。

10 月 17 日，山城再次掀起了一波欢庆的高潮，南开学校迎来了南开四十周年校庆。这天上午，四十周年纪念会在重庆南开中学运动场隆重举行，到会的来宾、校友、师生多达 2000 余人。

张伯苓发表了讲话，还为《南开四十年纪念校庆特刊》写了《四十年南开学校之回顾》一文，他在文中写道：

> 校友总会发起募集"伯苓四七奖助基金"运动，成绩美满，募得六百余万元。是年特设清寒优秀学生免费学额多名，青年学子受惠至大。
>
> 现在国运好转，胜利在望，建国治国，需才孔多。将来全国复员时，苓誓为南开复校，地点仍在天津，大学必设八

里台，科系须增加；中学仍在旧址，力求设备充实。在北平及长春两地，并拟各设中学一所；至重庆南开，则仍继续办理。将来各地中学学生，经过严格基本训练后，再择优选送大学再求深造，定可为国家培养真正有用之人才。至于复校详细计划，尚在缜密研讨之中，惟念南开得有元首之奖掖，邦人之提携，将来复校工作，前途绝对乐观，可断言也。

校庆这天，周恩来从重庆的城里赶来学校表示祝贺。他到了张伯苓所住的津南村，见校长住房外放着一个滑竿，就请老校长坐上去，然后叫上张厉生一起把张伯苓抬起来，走了一圈。

当时，周恩来和张厉生分别在国共两党担任要职，各自在军委会政治部任副部长。这一场面很快引发了大家的热议。第二天，南开学校的墙报上就登出了一首诗：

　　国共两部长，合作抬校长。
　　师生情谊重，佳话山城扬。

1944年，世界反法西斯战争已进入最后阶段，国内的抗战局势正如张伯苓所说"国运好转，胜利在望"，他已开始为南开大学的复校做各种准备。

早在1942年春节之前，张伯苓拜会了蒋介石，与他商谈南开大学的复校问题。蒋介石曾在南开被炸后表示"南开为国而牺牲，有中国即有南开"，此时他亦答应在复校之后，把私立南开大学与国立大学同等对待。

1942年的春节刚过两天，张伯苓就组织召开了"南大复校筹备会"。他召集西南联大的主要部属邱宗岳、杨石先、姜立夫、陈序经、黄钰生等人到重庆来。他知道昆明当时的生活十分艰难，特意嘱咐南开中学的喻传鉴把会议的伙食安排得丰盛一些，好好慰劳大家。

南开大学复校筹备会在张伯苓的寓所召开，会议先后在2月17日、3月1日、3月3日、3月7日召开了四次，大家就教学体制、学科设置、师资队伍到复校经费的问题逐一进行了讨论。虽然此时国内很多大学都纷纷改为了国立，但南开同人们在这次筹备会上一致决定继续发扬过去艰苦奋斗的精神，继续保持学校的私立性质。

会议决定学校内部组织文学院、理学院、法商学院与工学院。文学院设置中文学系、英文学系、历史学系、教育学系四系。理学院设置算学系、化学系、物理学系三系。法商学院设置政治学系、经济学系、商学系三系。工学院设置电工学系、化工学系、机械学系四系。

在师资问题上，会议决定增聘10到15位优秀教师，由杨石先、黄子坚、陈序经、邱宗岳、姜立夫、冯柳漪、孟广喆7人组成的一个聘任委员会，专门负责物色优秀青年学者和学识渊博的人才，张伯苓还亲自发函给蒋梦麟和梅贻琦，请他们从联大内部提供支持，帮助南开增聘教师。

张伯苓很快向政府提出了关于恢复南开大学的计划。结果事与愿违，张伯苓的复校计划并未得到政府的同意。国民政府教育部部长朱家骅正式提出将南开大学改为国立的提案，由张伯苓担任国立南开大学第一任校长。

张伯苓一时难以接受让南开大学收归国有，他立即写信给蒋介石，婉转表达了心意："伯苓年事虽高，仍当竭其全力重建南开，以符为国育才之私衷。上报钧座频年赐勉之至意。"

张伯苓的心意并没有得到蒋介石的理解。文官长吴鼎昌奉蒋介石之命来给张伯苓做思想工作，但张伯苓仍不愿放弃，他再次向蒋介石写信争取，表示南开大学"仍以人民社团名义地位为国服务"，他的想法仍旧没有得到支持。

1944年6月24日，张伯苓在南开同人的聚餐会上发表了一次演讲。他再次提到了希望南开系统保持私立的愿望："南开学校，系属私人创办的教育事业。四十年的惨淡经营，例如经费之筹措，校务之推行，真是煞费苦心！个人曾经一度想把学校送交国家接办，记得有一次和蒋先生从杭州同车到南京，车中曾将此意表示，但蒋先生谦谢未允，以致未成事实。可是这几年来，我的看法有些变动，就是南开学校今后还要继续保持私立性质。为什么呢？第一，世界一天天的光明，国运一天天的好转，同时个人的精神体魄，也一天天在盛旺健壮，我要为国家多服务几年，我不能在此时委卸责任，告老山林；第二，私立学校只要有计划，有干部，有经费，尽可以按部就班，实现理想，所以我主张今后南开学校要能永远保持私立的性质。"

1945年8月15日晚上7时，张伯苓期盼已久的时刻终于来临。国民政府外交部收到日本政府致中、美、英、苏的电文，日本宣布无条件投降，中国人民艰苦卓绝的14年抗战终于取得了全面的胜利。

国民政府教育部在1939年将孔子的诞辰8月27日定为了教师节。1945年的8月27日便成为了抗战胜利后的第一个教师节。张伯苓在这一天与重庆的南开同仁欢聚一堂，他在聚餐会上非常振奋地说："今天的聚餐会，比过去八年中任何一次的聚餐会，都来得有些不同，原因是胜利已经到来，复员亟待展开。"

1945年10月初，南开大学先后派张彭春、喻传鉴、丁辅仁、王九苓去天津接收校产，同时开展南开中学的复校工作。

10月17日，就在南开学校四十一周年校庆日这天，天津南开中学在光明影院举行了开学典礼，出席典礼的校友和师生多达两千多人，学校决定把这一天定为"复校纪念日"，同时开始招收新生。

张伯苓在这天写下了《南开学校四十一周年纪念告全国校友》，他在文中深切表示："教育救国，为我过去最大之宏愿，教育建国，更为我今后坚定之信心。"

而南开大学的复校是异常艰难的，与其他被战争摧残的院校不同的是，南开大学在日军的毁灭性轰炸下，基本已是一片废墟。张彭春等人回到学校时，眼前场景让他们无比揪心。校园内野草丛生，战壕遍地，电网纵横，万余株树木被摧毁殆尽，莲池水溪也被填平，秀山堂荡然无存，木斋图书馆只剩断壁残垣。芝琴楼改为了八纮塾，思源堂被改成了武士道教练室、柔术教练室、武器库。

南开大学想要重建校园，需要浩繁的经费，难度极大。此时的张伯苓不仅要面对重建校园的各种难题，还要面对另一个大难题。他的身体状况越来越差，旧病日益严重，已到了不得不治的地步。

早在他七十大寿那一年，他就因忙于各种事务而感到体力透支，以前旧有的前列腺肿大病不时发作。他从 10 月份开始便血，但仍旧带病出席了南开四十一周年校庆活动。不久之后，他就住进了中央医院。蒋介石特意去医院探视，并对他说："如美国有法根治，待精神好转后可往美国治疗。"

后来，张伯苓的病情时好时坏，常常带病工作。到了 1945 年末，张伯苓感到病势加重，有了去美国治病的打算，他让长子张希陆去拜访孔祥熙，打探美国医院治疗前列腺症的情况。

1946 年 1 月 12 日，张伯苓和张希陆一起从重庆飞去了上海，在上海度过了这年的春节。

一直被病痛折磨的张伯苓还时刻惦记着南开大学的重建工作，重建经费的巨大缺口一直是悬在他心里的大难题。他在无奈之下做出了暂时的妥协，向政府提出了呈请，让南开大学变为国立的大学。

张伯苓在1月17日出席上海的南开校友欢迎会时，提到了这个决定："南开损失重大，除向敌索赔外，已经蒋主席批准，在十年内暂改国立，以资恢复。"这则消息也被刊登在1946年1月20日的《大公报》上。

2月，张伯苓病情加重，小便全阻，随后住进了医院。医生用了应急的处理办法暂时控制住了张伯苓的病情，由此，张伯苓的治病之事变得更为紧迫。不久之后，张伯苓就启程去往美国。

4月12日，张伯苓在张希陆的陪同下到达美国纽约的中央车站，受到了胞弟张彭春和凌冰、张平群等人的热情迎接。随后，张伯苓住进了哥伦比亚长老会医学中心。美国医生为张伯苓施行了外科手术，手术之后，张伯苓就在张彭春的寓所里休养。

1946年4月9日，国民政府教育部正式宣布南开大学改为国立，张伯苓担任国立南开大学校长。国民政府教育部核定了北大、清华、南开三校的复员修建费用为30亿元，在复员经费的分配方案里，清华大学得到12亿元经费，北京大学得10亿元，而南开大学只有8亿元。

南开大学是抗战中损失最大的一所学校，如今却得到了最少的复员经费。这个分配结果引发了全校师生的不平情绪，南开大学针对复员费的问题向国民政府教育部进行商谈，最终也没有任何结果。这笔费用难以完成全部的重建工作，张伯苓只好想办法四处筹款。

4月15日，张伯苓得知善后救济总署冀热平津分署对清华大学进行了资助，便向其致函求助："查本校原属私立，所需经费统由自筹。惟本校于抗战伊始，即首被敌人炸毁，损失惨重。今也欲图恢复旧观已感困难，兹谋积极扩充，更属匪易。迫不得已，乃呈准政府，改为国立，是以本校今后之经费来源当由政府拨发。至修建用费，业经教育部核准，补助八亿元，而清华则为十二亿元。按照损失实际情形论，则本校原有之办公楼、课室楼、图书馆、科学馆，及学生宿舍等五座大楼现只剩一座，而图书及设备等项更荡然无存，一切物资损失较之清华大学实超过多多。政府仅允补助本校八亿元之修建费，深苦不敷应用。……并请援照清华大学例，准予资助，至纫公谊。"

4月22日，张伯苓以南开大学校长的名义向国民政府教育部部长朱家骅致函，申请按照南开大学原来拟定的计划设置院系，国民政府教育部不但没有批准，就连学校在战前已有一定基础的工学院也不予批准，医学院也不准设立。

1946年5月4日，西南联合大学举行结业仪式，三校师生们分批离开昆明，北归复校。师范学院留在了云南，后来发展成为云南师范大学，其他学院全部回归北大、清华、南开三校。还没毕业的学生按本人的志愿分别进入北大、清华、南开三所学校继续学业。此时，天津的南开校园刚刚开始重建，师生们北归不易，而学校的重建工作也在不停地克服种种困难。

南开大学收回了八里台的853亩校舍基地。后来，六里台的中日中学、苗圃、农场等110亩敌产也收归南开大学所有。南开大学的复建工程开始之后，经费不足的问题变得越发突出。

到了这年6月，国共内战全面爆发，在动荡的时局下，物价还在不断上涨。孟广喆在6月18日给黄钰生写信说道："8亿专款月余又贬值一半，全用修房恐怕都不够，理工设备购置齐桌椅已是难题，其他更说不上。"

8月份，南开、北大、清华三校开始联合招生。南开大学设立文、理、工、政治经济4个学院，共16个系。另有经济研究所、应用化学

南开大学在八里台原址举行复校开学典礼

研究所、边疆人文研究室。10月初，学校的复员生、新生陆续来校报到。

1946年10月17日，南开大学在八里台原址举行了复校开学典礼，应报到的学生总计1358人。复校后第一学期的实际到校学生为805人，其中包括本科生604人，先修班195人，研究生6人。

经过近一年的不懈努力，南开同人们克服了重重困难，初步打好了南开大学的重建基础。南开大学修葺了芝琴楼，继续将其作为女生宿舍，修缮好的思源堂继续作为教室，把原来的中日中学作为男生宿舍，新建东、西百树村作为教授宿舍。南开大学一时难以恢复到战前的面貌，但已在千难万险中重获新生。这所与国家命运共进退、培养了无数人才的高等学府又重新屹立在了渤海之滨。

百年巨匠
Century Masters
张伯苓 Zhang Boling

第十七章 教育和体育

1946年11月15日，归心似箭的张伯苓乘坐美轮"斯丹荷特"号起航回国，他在船上就在给南开大学发电报，让黄钰生、陈序经到上海相见，好及时了解南开的情况。

12月18日，张伯苓抵达上海，蒋介石电示时任上海市长的南开中学校友吴国桢，让他代为迎接张伯苓。吴国桢带领沪市的相关人员和一百多名南开校友热烈迎回了张伯苓，随后在国际饭店为他接风洗尘。

当上海《新闻报》的记者采访张伯苓时，古稀之龄的他颇有雄心

吴国桢率南开校友欢迎张伯苓

壮志地谈到了今后要努力的三件事：

第一件事，发展南开。

我留沪五天，在南京五天，然后在天津住一月，因天津已九年多不去了。最后去重庆处理南开中学校务，约逗留二三星期，再回上海，这是第一个圈子。在沪拟办南开中学分校，故二月后返此，预备在此久居。

第二件事，致力体育。

教育里没有了体育，教育就不完全。我觉得体育比什么都重要。我觉得不懂体育的，不应该当校长。英美精神即是体育精神，民主政治亦即是体育精神。体验过体育中的竞争、团结、合作以后，推行民主政治要有力很多。

第三件事，中美文化。

我除了发展南开，致力体育外，我所要做的第三事是中美文化协会的工作。中美两国是奠定世界永久和平的基石，彼此的关系太密切。文化合作、民间友谊的交流，我认为比外交政治还要重要。

张伯苓想要努力的三件事被刊登在了1946年12月23日的《新闻报》上。黄钰生等人受张伯苓的召集已经来到上海，张伯苓也迫不及待地要与他们一起为第一件事共同努力。

张伯苓这次回来，带回了许多行李，除了部分图书之外，他还给南开大学的教授买回了几台新奇玩意儿——洗衣机。黄钰生很快把这些东西从上海托运回了天津。同时，张伯苓在美国省下了1万美元的费用，这笔费用存放在"华美协进社"的孟治那儿，专门用来为南开大学各个院系订购外国图书和刊物。

张伯苓从美国回来后，各方友好和南开校友常常询问他三件事：世界现势、中国前途、南开复兴。张伯苓对这三件事的态度十分乐观，他自认是一个乐观者，南开同学还给他起过一个诨名，叫"不可救药的乐观者"。

1947年1月1日的《上海文化》第12期上刊登了张伯苓的一篇《世界·中国·南开》，他在文章最后十分乐观地谈到了南开的发展：

>南开大学现在改为国立，限期十年，期满仍改私立。本人办学，为的就是国家。……现在，抗战胜利，南开暂时改为国立，正表示国家对南开负责。南开中学还是私立的，一、二两校分设成都与昆明，最近计划在上海添办南开第三中学，至于第四中学，拟设在东北，在敌人实施奴化教育达十四年之久的地方办学，意义特别深长。
>
>南开同学及各方友好最近问我，究竟要办几个南开中学，我的答复是简简单单六个大字"一直办到我死"。

张伯苓返回天津时，天津市长杜建时从天津北站上车，陪同张伯苓在天津东站下车。天津党政各界、南开师生、校友等数千人在车站热烈迎接，张伯苓和杜建时到站下车时，迎接他的人群把出站的道路堵得水泄不通，杜建时在前面为张伯苓开路，用了半小时才陪张伯苓走出天津站。

张伯苓回到阔别十年的南开大学后，很快召开了第24次行政会议，不久又召开了第一次校务会议，主持学校的院系建设、课程设置、学校经费等工作。

张伯苓在推进南开教育事业的同时，还兼顾着他无比热爱的体育事业。1947年4月1日，中华体育协进会天津分会举办了市民晨操普及运动表演会，张伯苓以中华全国体育协进会理事长的身份应邀出席，他在会上欣然说道："今天，我把天津的体育界的礼物——早操运动——收下，是我很大的荣耀。我将要告诉南京、上海、重庆各地的体育界，作同样的推动！……今年的全国运动会决定举办，明年在伦敦举行的世界运动会，我国也一定派员参加。"

第十四届奥运会即将于1948年7月在伦敦举办，张伯苓为此感到非常振奋，对来年的奥运会充满期待，而更让他期待的是1952年第十五届奥运会。就在日本宣布投降后不久，张伯苓完成了一件历史性的工作。

1945年9月7日，中华全国体育协进会在重庆青年会西餐厅召开常务理事会，理事长张伯苓、常务理事王正廷、董守义、郝更生等人出席了会议。会议通过了一个重大决定，董守义草拟了《请求第十五届奥运会在中国举行案》，他们打算向国际奥委会请求第十五届奥运会在中国北平举行。会议推选张伯苓、王正廷为代表向政府商洽。

这是中国有史以来的第一次正式"申奥"，张伯苓为当年"奥运三问"的第三问"中国何时能够举办奥运会"，开始了第一次突破性的尝试。

1947年初，中华全国体育协进会收到奥委会的邀请之后，立即在1月7日召开了常务理事会，商讨参加第十四届奥运会的筹备工作。会议决定由王正廷、马约翰、董守义、宋君复、容启兆、江良规、许民辉7人组成遴选委员会，负责参赛运动员的选拔工作。

遴选委员会决定在同年10月举行的第七届全运会上进行运动员初选，分别成立了足球、篮球、田径、游泳4个遴选委员会，负责具体的工作。

天津承担着华北地区篮球运动员的初选任务。初选竞赛大会将选出14名运动员到北平清华大学体育馆训练2至3个月。训练结束后，选出10名最优秀的队员，他们将代表华北区参加上海的全国运动员选拔总决赛。

1947年12月7日，董守义特意从北平来到天津，与张伯苓商议篮球运动员的选拔事宜。12月10日下午，天津市体育协进会召开了常务理监事及财务委员会联席会议，张伯苓、杜建时、董守义、齐守愚等人出席了会议。会议讨论并通过了《筹委会简章》《参加第十四届世运篮球预选天津区初选会竞赛规程》《中选后代表队训练办法》，确定了由齐守愚、李清安等人主持天津区世运会（奥运会）篮球初选筹委会工作。

初选运动员在北平清华大学集中训练两个月后，就于4月去上海参加选拔总决赛。上海举行的第七届全国运动会，成为赴英运动员的选拔赛。

北洋政府曾经任命张伯苓担任教育总长和天津市市长，张伯苓都力辞不就，抗战爆发后，张伯苓为了南开的生存和发展，不得不被动地参与一些政治活动，同意担任国民参政会副议长。1947年5月，国民参政会四届三次会议后，蒋介石想借助张伯苓的威望来行政治之事，他便指示天津市长杜建时选张伯苓为天津市的国大代表。

1948年3月底，张伯苓以国大代表的身份去南京出席了首届"行宪国大"，被选入了主席团，张伯苓也是主席团里年龄最大的一位代表。他在会上同意蒋介石当选总统。然而这次的"行宪国大"却是闹剧不断，会场上有各种叫骂，会场外上演着代表的绝食、示威和扬言决斗的场景。这些场面让张伯苓深受刺激，也让他感受到了国民党内部存在的危机。

5月1日,"行宪国大"一结束,张伯苓就立即飞往上海,出席为伦敦奥运会选拔最终运动员的第七届全国运动会,并担任大会裁判主席。

5月4日下午,第七届全国运动会裁判组在中国银行四楼举行裁判会议,全体裁判260余人,总裁判兼裁判委员会主席张伯苓在会议上说道:"此次全运会系在极度困难之环境下努力促成,而华侨参加单位视前为多,更觉意义深长。国人体性太温弱,须藉教育改善,应从体育锻炼着手。运动会中的竞赛,是争名不争利,是有规则的争,即是守法的争,值兹行宪之始,尤具深长含义。明日大会开始,亦即各位困难的开始,希望大家要团结,负责任。"

张伯苓在第七届全国运动会开幕式上宣读训词

5月5日,第七届全运会开幕,张伯苓在会上宣读"训词"之后,十分激动,执意要走下主席台带领运动员绕场一周,沈鸿烈等人担心他年事已高,最终劝住了他。

张伯苓在当天接受《申报》记者采访时,仍在积极宣扬体育的价值和意义:"此次全运会,在如此环境下,经费又缺乏,竟能准时开幕,洵非易事,其意义异常重大。此次全运会在全国性的国民大会后,选举总统,实行新宪法后举行,国人素来文弱,运动能教我们竞争,别的竞争在'权',在'利',而运动会在争'名'。另一方面来说,运动会的竞争是有规则的竞争,任何比赛都要不犯规,人人守法,今天的大会便是建立民主国家,教人民如何守法的一种具体表现。"

在这届全运会的比赛过程中，全国运动员发扬拼搏进取的精神，最终打破了十余项全国纪录。全运会结束后，张伯苓用四种精神评价了这届运动会：炼身、合作、竞争、守法。

张伯苓在 5 月 14 日接受《大公报》的采访时说："第一，新纪录出现很多，说明我们在不断的进步；第二，各地都有代表出席，表示中国是统一的；第三，运动员的争名不争利，和公正、合作的精神是行宪后政治上应该取法的。"

出征伦敦奥运会的运动员选拔相对顺利，但代表团的出行经费却出现了很大问题。国共内战时期，全国经济受到了重创，蒋介石在陕北和山东发起的重点进攻均惨败收场，此时的国民党政府已是穷途末路，到了分崩离析的前夕。让政府提供经费支持的希望很快落空，全国体协只能自己想办法解决经费问题。

全国体协成立了一个经费募集委员会，计划筹集总额为美金 15 万元的经费，打算在政府、社会人士、华侨三个领域各筹集 5 万美金。

临近出国日期，全国体协仍然没有解决经费问题，中国足球队又像第十一届奥运会那样，提前出发，远征东南亚各华侨集居的国家和地区，进行比赛，赚取门票收入。中国篮球队也去往香港、泰国、新加坡一带，通过打比赛筹措经费。

经费筹募委员会原本向政府申请了 5 万元美金，已在 1948 年 2 月 18 日发出了正式呈文，但一直没收到政府的回复。

张伯苓和王正廷多次向行政院院长张群催促，结果把人催急了，张群回应道："钱，没有，命还有一条。"

张伯苓和王正廷也急了，直接说："不给钱，我们给你两条命……"

双方就这样一直纠缠到 5 月 10 日，政府终于批了钱，但只给了一半，只有 25000 元美金。而全国体协在 6 月 4 日领到这笔钱时，美元牌价已经提高了一倍，政府的经费瞬间打了五折，代表团已走不成了。

张伯苓等人只好再想办法，他们费了不少周折，终于申请下用时牌价兑换外汇，但中央银行坚持以国内牌价折合成英镑付款。如此一来，经费又要缩水一千多英镑。后来，董守义通过他的一个在上海中央银行工作的学生帮忙，才解决了这个问题。

全国体协最终筹集来的经费只有预算的三分之一，因为经费有限，代表团的规模也受到了限制。1936年的奥运代表团有60多名运动员，这次少了一半，只有34人。足球队18人，篮球队10人，足球队和篮球队有最低的人数限制，不能再少，能压缩的就是田径和游泳，这两个项目最后只派出了四个人。

就在全国体协确定最终的赴英名单时，南开大学接连发生了几起有关学校风纪问题的事件。南开大学的学生因用餐问题，与校方发生了矛盾，学校训导长傅恩龄和代理训导长王文田请求辞职，学校因此决定开除在反迫害、反饥饿斗争中的骨干进步学生李永钧、徐维廉。当天晚上，学生们集结在一起，决定向学校提出五项要求，让学校收回成命，并从5月11日开始罢课，以示抗议，整个事件引起全国新闻媒体的高度关注。

张伯苓无暇顾及奥运会的事，火速赶回了天津，去处理学校的"家务"。张伯苓回到天津后，有五六个学生代表和训导长傅恩龄去看望他，他们请求"老校长像家长一样地宽大对待受处分的同学"。

张伯苓说道："你们既想缓和缓和，也很好，让我们再商量一下。我离校五十天，你们做的事太多了，学校需要一次澄清。十七日要送我弟弟（张彭春）去北平，十九日回来，过了二十日总统就职大典再说。"

5月18日，张伯苓针对这次风纪问题发表了态度明确的谈话，张伯苓的这番话刊登在了第二天的《大公报》上：

> 本人前者到南京去参加国民代表大会，又到上海去襄助全国运动会，离开天津将近五十日。在这五十日之中，本校发生了几件事，都与学校的风纪有关。回校之后，详询经过，认为在本人离校期间，本校同人处理这些事，公允妥当。因此同人的决定，我决不更改。
>
> 本人办教育将近五十年，经验告诉我，这五十年来所采的方向，是正确的而且南开在求进之中，也能作时代的前趋。本人到全国各地，看见南开的校友都能守着岗位努力工作，非常高兴，更坚定了自己的信念。
>
> 南开大学复员以后的校风，确不如从前的淳厚，一则由于时代的动荡，一则由于学生团体传统的中断。但是，南大的优良校风，我们必须恢复，我们也必用全力去澄清南大，使爱国家好学问的学生有一个安心求学的处所。

在第十四届奥运会召开之际，张伯苓再一次放弃了出征奥运会的机会，第三次与奥运会擦肩而过。

中国代表团在这届奥运会上出师不利，在所参加的比赛项目里全军覆没，雪上加霜的是，他们回国的路费也成了问题。国民政府教育部对他们的复电只有冰冷的八个字：请代表团自己解决。最终，在王正廷、董守义等人的多方争取下，中国代表团才顺利踏上了回国的路。

张伯苓等人在1945年准备进行中国历史上的首次申奥，后来由于内战等诸多原因，这个意义重大的决议最终成了一纸空文。

1948年，张伯苓所寄予厚望的奥运事业仍无起色，他却在另一个领域有一个意外的收获。哥伦比亚大学的王冠出版社出版了一本《另一个中国》文集，它是由曾任燕京大学校长的司徒雷登和中国学者胡适等人组稿，其中12篇论文均为对中国、对南开大学有相当了解的美国教授所撰，表达了西方学术界对民族危亡中艰难办学的中国教育界，特别是南开人的一份敬意。

　　张伯苓通过学习借鉴世界先进的办学经验启迪中国现代教育，西方世界通过张伯苓，发现了有别于他们印象中的中国。教育家康德利夫在文集中这样评价张伯苓：

　　"张伯苓与其南开经济研究所同人的工作已经成为中国的功劳，那就是真诚地探索寻找中国问题的中国解答，以及将新的科学枝丫移栽到中国文明粗壮的老干上，在过去极大地贡献于中国的英勇抵抗，在现在则贡献于中国的复兴，这种坚持不止对中国有价值，更对世界有价值。"

　　"世界不需要另一个美国或者另一个俄国。世界需要一个全新的中国。唯其那时，其他国家才能利用中国的经验中蕴含有的智慧，从中受益。"

　　教育和体育是张伯苓执着一生的事业，他的教育事业纵然曾经遭受灭顶之灾，最后却欣慰地看到了重生的南开，看到了中国的教育事业在绝境中绽放的光芒。他的体育事业在发展过程中纵然经历了诸多坎坷，但他也看到了体育运动在不断强健国人体魄、振奋民族精神、激发国人的爱国热忱。张伯苓深知中国的教育和体育任重而道远，这个"不可救药的乐观者"，仍在这片荆棘丛生的征途里马不停蹄，一路前行。

百年巨匠

张伯苓 Zhang Boling
Century Masters

第十八章

「辞职」阴谋

1948年3月至5月，张伯苓以国大代表的身份出席了首届"行宪国民大会"。会议最终选举蒋介石为中华民国总统。蒋介石就任总统后，开始考虑五院负责人的人选问题，行政院、考试院、司法院三院的首长均由总统提名。当时各院人选竞争激烈，有传闻说考试院的院长将由青年党领袖曾琦出任。5月，蒋介石发出了一通电报，定下了考试院院长的人选为张伯苓。

　　蒋介石担心张伯苓不肯答应，让杜建时亲自上门转送电报。张伯苓看了电报后，沉思不语。

　　过了五六分钟，杜建时问他："您的意思怎样？"

　　张伯苓回应说："我不愿做这些事。黎元洪当总统时曾约我当教育总长，说什么我也不干。"还说："我是办教育的，还是办教育的好。"

　　杜建时问他如何回复蒋介石，张伯苓说："回头让黄子坚（南开大学秘书长）从大学复电吧。"

　　杜建时回到市政府之后就立即回复电蒋介石："张校长因不愿离开其多年建立的教育事业，已径电恳辞。"

　　四天过后，蒋介石又给张伯苓发了一份电报，措辞恳切。杜建时再次给张伯苓送来电报。张伯苓看着电报，面露难色，低声自语着："这就不好推辞了。"

　　杜建时对张伯苓说："国民党中推选行政、立法、司法院院长都还容易,请一位年高德劭、众望所归的考试院院长就很难。您如肯就考试院院长,的确解决了蒋主席一个困难。"

两人随后谈到了时局,杜建时说:"现在国共打得很激烈,国军装备虽好,但在各战场均不能取胜,东北方面已岌岌可危,去年魏德迈来津,很露骨表示不愿支持蒋主席,政府前途恐怕麻烦很多。"

张伯苓说:"这么大的国家,不能一下子好,总得一点一点的好。"

杜建时问他:"如何回复蒋主席?"

张伯苓说:"等我想想,还是让黄子坚从大学复电吧。"

杜建时回市政府后复电蒋介石:"张伯苓先生感于钧座隆情厚谊,碍难再辞,有就考试院院长之意。"

张伯苓虽然同意出任考试院院长,但他提出了三个条件,一是只同意担任三个月的院长,二是还要继续兼任南开大学校长,三是要请沈鸿烈担任考试院铨叙部部长。

6月16日,蒋介石主持了中政会,亲自提名张伯苓出任考试院院长。第二天,报纸就以"张伯苓弃学就官"为题公布了他的任职消息。

不料,张伯苓碍于情面的妥协竟然招致绝大多数南开师生和校友的不满,他们难以理解张伯苓用这种方式做出的"牺牲",许多人试图阻拦,黄钰生、阎子亨、吴大任等人还去面见了张伯苓。学生们制作了墙报来挽留张伯苓。

南开校友们开始议论:"张先生老了,我们的校长变了。"

黄钰生曾劝张伯苓:"难道校长非得去南京不行吗?"

张伯苓忧郁沉默着,最后慨叹道:"蒋先生让我去跑龙套,只好去跑跑吧!"

7月2日,张伯苓召开了去南京之前的最后一次校务会议,他在

任考试院院长的张伯苓与戴季陶、贾德景合影

会上说:"奉蒋总统命,出长考试院,肯辞不获,只得应命,定七月五号晋京,三星期后仍回津,以后至少三分之一之时间在津。学校为个人终身事业,决不脱离,望同人仍本既往精神,合作一致,为校努力。"

张伯苓在7月6日接受《申报》记者采访时提到了想将"公"和"能"的精神推广到政治中的想法:"在办理南开时,曾以'公''能'二字为校训,'公'者处世无私,勇于负责,'能'者发展各个人之能力,求其有所表现。现余即拟以此精神,以此理想,推广至政治,使公务员亦能受到此种训练。将来政府用人,必需与考政配合,务使其非经考试不得任用。"

1948年7月10日上午,张伯苓身穿夏布长衫、黑马褂,手执草扇,出席了在考试院礼堂举行的院长交接任典礼。有20年任期的原院长戴季陶把印信交付给张伯苓,新旧院长相向鞠躬致意。简单的交接仪式之后，72岁的新院长代替了59岁的老院长。

张伯苓没有想到的是，他此行付出的代价是巨大的。国民政府教育部针对张伯苓兼任南开大学校长的事提出了异议，张伯苓兼任校长本是蒋介石早已许诺的，但国民政府教育部仍然坚持国立大学校长不得兼职的定章。国民政府教育部部长朱家骅提出，南开已经成为国立大学，一个人不能在政府里同时担任两项公职。

然而兼职这类事早有先例，蒋介石就同时担任了中央大学校长，国民政府教育部部长朱家骅是北大集团的首脑，国立北京大学校长蒋梦麟就曾长时间兼任行政院的秘书长，但国民政府教育部却不对张伯苓有过多的通融。在国民政府教育部的施压下，张伯苓只好要求由他提出南开负责人的人选。于是，张伯苓给远在美国的何廉写信，把他召回了国内。

9月的一天，国民政府教育部部长朱家骅来到张伯苓的寓所，与张伯苓谈话，他还特意叫来了何廉。朱家骅在商谈中提出让何廉担任南开大学校长，张伯苓对此沉默不语。

何廉已了解到张伯苓的真意，他便提出了一个建议，张伯苓在考试院院长任期内，向南开大学请假缺勤，何廉则以经济研究所所长的身份代行校长职权。从法律手续上来说，何廉的建议可使国民政府教育部不发行政任命，这样既不违背政府规定，又能照顾到张伯苓的意愿。张伯苓听后十分高兴，明确表示赞同，而朱家骅只以沉默来表示同意。

第二天，朱家骅请何廉吃中饭，问他所提的建议是否对南开大学最为有利，如果张伯苓继续担任校长，他能否不受牵制地管理南开。

何廉十分诚恳地告诉朱家骅："由于张伯苓毕生献身于南开，还由于他的年事已高，我们必须适当考虑到他的情绪，而就我看来，张伯苓是能够信任我的,并且会给我以代行他的职务的完全自由。"

朱家骅最终承认了何廉的建议是明智可行的。两人协商一致后,何廉就立即赶回天津,承担起了双重任务,担任经济研究所所长,同时代行南开大学校长职务。

10月13日,张伯苓从南京回到南开大学,办理与何廉的交接事宜。次日,南开大学举行了何廉的就职仪式,张伯苓非常高兴,他在会上作了简要的讲话,并介绍了何廉。到了下午,张伯苓又为何廉举行了招待会,参会的有南开全体教职员工,还有天津当地的领袖人物和外国驻津领事代表。招待会结束后,张伯苓把自己的办公室让给了何廉。

随后,张伯苓回到了南开中学,此时的他仍是私立南开中学的校长,他在南开中学还有办公室。

第二天,《中央日报》及天津各大报纸刊登了一则重大消息。报刊以大字标题登出了张伯苓辞去南开大学校长职务以及何廉继任南开校长的消息。

> 中华民国三十七年(1948)10月13日行政院第二十次会议,会议决定接受张伯苓辞去南开大学校长职务的辞呈,任命何廉为南开大学代理校长。

何廉看到报纸后,非常震惊。根据他的经验,他知道行政院的这个决定必定是由教育部先提议的,他立刻去了南开中学访谒张伯苓。当他问道张伯苓是何时向教育部提出辞呈的。张伯苓情绪激动地说,他从来没有提出过辞职!

何廉这才明白其中的阴谋,他在回忆录里写道:"很明显这是教育部搞的对张伯苓的一次突然袭击,将他从南开大学校长职位上拉下来。张伯苓感情上受到了深深的伤害,所以不久即离津到南京。我对教育部这一无法推诿的事件也感到愤懑,并且以私人身份写了一封信给朱家骅表示抗议。但此信如石沉大海,始终没有回音。"

张伯苓就这样离开了亲手创办近30年的南开大学。就在他离开南京时,解放战争已经取得了重大胜利,东北全境获得解放,华东战场上,国民党军队的部分兵团已陷入重重围困,平津战役即将开始。国民党政府大势已去。

全国形势巨变,南京、上海等地陷入混乱。张伯苓对国民政府的认识清醒了许多。1948年11月12日,张伯苓以"休息"之名回到了重庆南开中学。

百年巨匠 张伯苓 Zhang Boling

第十九章 一代人师

张伯苓住在重庆南开中学津南村三号，那是一所四开间的小平房，陈设简单而朴素。院里院外，到处都是红的、黄的、白的，颜色多样的花，景致清雅。

张伯苓回到重庆的第二天，就有记者到津南村采访他。当记者问他北方的形势时。张伯苓说，从天津到上海、南京，听到了很多"谣言"，他还看到上海市民的抢米风潮，还有南京的大学教授们对和平的呼吁。他十分感慨地说："乱得很，乱得很！"

当记者问他局势会如何发展时，张伯苓沉默了许久，他的结论是大局"太渺茫""太不敢想"，他还说，对政治不感兴趣，他真正的兴

重庆南开中学津南村，张伯苓故居

趣,是终身从事教育事业,永远和学生在一起。他说起了这次回到重庆南开中学时的情景:"我刚来到这里,学生们都向我围拢来,我心里有说不出的快慰。"

张伯苓的住所旁边就是副校长喻传鉴的家。喻传鉴知道张伯苓心情不悦,一有时间就陪他说话,或是向他汇报学校的情况。

1948年12月,解放军发起了平津战役,何廉离开天津南下,不再返回南开大学。12月中旬,张伯苓向南开大学教授会议致电,请杨石先、黄钰生、鲍觉民暂代校长的职务,并请教授会协助维持学校教学。

1949年1月15日,天津解放。不久后,国民党华北"剿总"司令部副总司令邓宝珊代表总司令傅作义与解放军于21日达成《关于和平解决北平问题的协议》。1月31日,北平解放,解放军和平入城,平津战役结束。

喻传鉴不断打探着各方的消息,向张伯苓报告情况。重庆南开中学的收音机可以收听到解放区的广播,喻传鉴的大女儿秘密收听后,把消息通过喻传鉴及时汇报给了张伯苓。

国民党政府迁去广州后,又迁回了重庆。蒋介石到重庆后,两次来看望张伯苓,想请他去台湾和美国。此时的张伯苓已经收到了一封来自香港的信,来信署名"无名氏",信中特别提到:"飞飞不让老校长动。"而"飞飞"则是周恩来在南开中学时经常使用的笔名。张伯苓非常高兴,他更为坚定地选择了留下。

1949年11月27日,重庆的局势更加危急,蒋介石带着儿子蒋经国第三次登门拜访张伯苓。他到张伯苓家里时,张伯苓正在午休,2岁的孙儿张元龙正在客厅纱门旁玩耍。张伯苓得知蒋介石来访后,便到客厅迎接他。

蒋介石态度恳切地催请张伯苓离开重庆，并提出可以答应他的任何条件。当时，张伯苓的夫人王淑贞和次媳叶磊泽（张锡羊之妻）都在，敢于直言的王淑贞向蒋介石请求："蒋先生，他老了，又有病，做不了什么事啦！也该退休了，您叫他辞职吧！"

蒋介石说："老先生要退休，到美国去休养，跟仲述先生住在一起不好吗？夫人、儿子和孙子，全家都去，不更好吗？去台湾也可以，无论去哪儿，生活一切等，都由我给想办法！"

王淑贞回应道："我们的三个儿子都在北方，我们哪里也不去，他舍不得儿孙，更舍不得他的南开学校！您就叫他辞职吧！"

王淑贞的话竟让蒋介石一时无法应对，他沉默一会儿，然后起身告辞，张伯苓和蒋介石就这样彼此告别了。

11月29日，蒋介石又派蒋经国到沙坪坝劝说张伯苓，张伯苓再次坚定地表示"不愿离开南开学校，不愿离开祖国"，以此回复了蒋介石最后的邀请。11月30日，蒋氏父子乘机飞往成都，就在这一天，中国人民解放军解放了重庆。

不久之后，张伯苓有了北归的打算，周恩来得知这个消息后非常高兴，立即指示统战部门了解张伯苓的近况，并批示："可许其北来天津居住。"中央统战部多次去电西南局，最后请西南局和邓小平协助张伯苓北归。

5月4日，喻传鉴和学校的一些教职员工、学生代表到重庆珊瑚坝机场为张伯苓送行。随后，张伯苓乘坐一架军用运输机，飞向了北京。

张伯苓到北京后，住在西城区小酱坊胡同傅作义家中。在借住的四个月时间里，周恩来、竺可桢、陶孟和、吴有训、梅兰芳等老朋友纷纷前来探望。

周恩来在一次政治协商会议上见到了南开的学生、时任北京市工商联副主任的韩振华,他对韩振华说:"张校长在重庆未随蒋介石去台湾,我接他来北京看看新中国的情况。您是南开的老学长,请尽量给他多讲讲新中国的建设和面貌。"

张伯苓从报纸上看到了新中国的建设情况,也从朋友们的言谈中对新中国有了更深的认识。7月底,南开中学校务委员会主任杨坚白来北京看望张伯苓,他对张伯苓当时的状态印象深刻:"张校长也变了,他对新中国人民政府的工作热烈情况表示满意,他说今天共产党所做的就是他自己的理想。"

这年秋天,张伯苓牵挂着近在咫尺的天津,想早日回到故土。大家劝他多留一些时日,张伯苓则说:"学校里那么多一起共事多年的同事朋友,我一定要回去看看。"

张伯苓心意已决,周恩来和邓颖超便在所住的中南海西花厅为张伯苓饯行,张伯苓去西花厅时给周恩来带去了严修的照片。周恩来对严修非常敬崇,他加入共产党之后,曾经有人对严修说,不要再资助共产党员周恩来。严修只以"人各有志"作答,仍然继续给周恩来寄学费。周恩来一直对严修铭恩不忘。

周恩来在重庆时,曾经多次询问张伯苓是否有严修的照片。张伯苓一直记着这件事,他在辞别的这顿饭上,把严修的照片送给了周恩来。

9月15日,张伯苓一家人回到了牵挂已久故土,他先借住在卢木斋之子卢开源家里,两周后,就搬进大理道87号,与三子张锡祚一家人住在一起,过起了退休老人的生活。

张伯苓时常会邀请一些好友到家里来欢聚,有时也去听听京韵大鼓和河北梆子,生活十分惬心,他还高兴地对家人说:"从前办南开坎坷不平,以后就是平坦大道了。"

1951年2月14日晚,张伯苓突然中风,口角歪斜,无法说话,在医生的抢救之下,张伯苓的病情稍有稳定,神志也还算清楚,但因喉咙麻痹,已经无法进食,只能靠鼻饲法维持生命。

有一次,张伯苓抬起了胳膊,用手在空中画圈,大家知道他要写东西,于是公推黄钰生为张伯苓代笔起草了一份遗嘱。

2月23日,张伯苓与世长辞,终年75岁。

1951年2月26日,《天津日报》刊载了张伯苓的这份遗嘱:

> 一八九七年,余愤于帝国主义之侵略,因严范孙先生之启发,从事教育,五十年来,矢志未渝。凡余所尝致力而未逮之科学教育、健康教育、爱国教育,以允公允能、日新月异,与我同学共勉者,今将在人民政府之下,一一见诸实施。余所尝效力之南开大学、南开中学、重庆南开中学,在人民政府之下,亦将积极改造,迅速发展。今日之人民政府为中国前所未有之廉洁良好政府,其发展生产、友好苏联之政策,实为高瞻远瞩、英明正确之政策。凡我友好同学,尤宜竭尽所能,合群团结,为公为国,拥护人民政府,以建设富强康乐之新中国。无限光明远景,余将含笑待之。友好同学,务共努力。
>
> 张伯苓
> 一九五一年二月二十三日

张伯苓一生没有留下什么资产,他生前常对儿孙们说:"留德不留财。"他去世之后,家人从他的衣兜里也只发现了7元钱和两张旧戏票。

如今的重庆南开中学

4月8日，张伯苓的追悼会在南开女中礼堂召开，黄钰生在追悼会上诵读了他写的《张伯苓先生追悼词》，悼词的最后部分写道：

> 我们怀念那个身体魁梧，声音洪亮，谈笑风生，豪爽豁达，性格中充满了矛盾，而能在工作中统一矛盾的人——这个人，机警而天真，急躁而慈祥，不文而雄辩，倔强而克己；这个人，能从辛苦中得快乐，能从失败里找成功，严肃之中又有风趣，富于理想而又极其现实。我们怀念十五年前，二十年前，三十年前，教训我们，号召我们团结合作，硬干苦干，指教我们，百炼钢化为绕指柔，不取巧，不抄近，随时准备自己忠实地报效国家的那个人。我们怀念，十五年前，二十年前，三十年前，每到一处，青年们争先恐后，满坑满谷，去听他讲演，爱护青年而又为青年所敬爱的那个人，国士，教育家，新教育的启蒙者，一代人师，张伯苓先生。

2008年北京奥运会开幕式

第十九章 一代人师

　　随着新中国的蓬勃发展，国家不断加大对人才的培养和对体育的投入。1984年4月11日，当许海峰在第二十三届奥运会上最后一次扣动扳机时，"中国何时能在奥运会上夺得冠军？"张伯苓"奥运三问"的第二问有了回答。

　　1998年，中国北京提出申办2008年第二十九届奥运会，2001年7月13日晚22点08分，国际奥委会主席萨马兰奇先生在莫斯科宣布：2008年，第二十九届夏季奥林匹克运动会在北京举行。

　　"中国何时能够举办奥运会？"张伯苓奥运三问终于得到了全部回应。北京奥运会举办前夕，国际奥委会主席罗格盛赞张伯苓先生与现代奥林匹克运动创始人顾拜旦一样令人尊重。

　　今天的重庆南开中学有大、小五个运动场，分布着各类运动场馆，总体保留着80多年前的布局。在当年，南开中学被称为"中学里的大学"，在这所学校里，顶着日机近6年的无差别轰炸，学生的体育课从未中断,"南开三点半,操场见"依然是学校最响亮的呼号。

张伯苓创建的南开系列学校,始终与国家、民族的命运紧密相连,始终高奏"强国必先强种,强种必先强身"的时代强音,与国家的发展相偕行,培养了大批怀抱旷远的才隽英杰。从南开中学堂到南开大学,再到南开系列学校,张伯苓这位"南开先生"用独具的慧眼和远大的格局,从荒芜中开创出了一条"知中国、服务中国"的中国现代教育之路。

参考书目

◎ 张伯苓:《张伯苓教育言论选集》,南开大学出版社,1984年。

◎ 龚克、王文俊、周利成、梁吉生:《张伯苓全集》(1—10卷),南开大学出版社,2015年。

◎ 梁吉生:《张伯苓年谱长编》(上中下),人民教育出版社,2009年。

◎ 梁吉生、张兰普:《张伯苓私档全宗》(上中下),中国档案出版社,2009年。

◎ 张伯苓、陈志明、文明国:《张伯苓自述》,安徽文艺出版社,2013年。

◎ 张锡祚:《先父张伯苓先生传略》,南开大学出版社,2016年。

◎ 南开大学校史研究室:《南开大学简史(1919—2019)》,南开大学出版社,2019年。

◎ 南开大学校史研究室:《抗战烽火中的南开大学》,河南大学出版社,2015年。

◎ 南开大学校史研究室:《抗战烽火中的南开大学历史图集》,天津古籍出版社,2015年。

◎ 南开大学校史研究室:《巍巍我南开大校长——纪念张伯苓先生》,南开大学出版社,2016年。

◎ 王文俊、梁吉生、杨珣、张书俭、夏家善:《南开大学校史资料选(1919—1949)》,南开大学出版社,1989年。

◎ 刘景泉:《南开大学体育史(1919—2019)》,南开大学出版社,

2020年。

◎ 龚克：《南开大学史话》，社会科学文献出版社，2016年。

◎ 西南联合大学北京校友会：《国立西南联合大学校史——1937至1946年的北大、清华、南开》，北京大学出版社，1996年。

◎ 西南联合大学北京校友会校史编辑委员会：《国立西南联合大学校史资料》，北京大学出版社、云南人民出版社，1986年。

◎ 易社强：《战争与革命中的西南联大》，九州出版社，2012年。

◎ 梁吉生：《允公允能 日新月异 南开大学校长张伯苓》，山东教育出版社，2003年。

◎ 孙海麟：《中国奥运先驱张伯苓》，人民出版社，2007年。

◎ 孙海麟：《中国奥运第一人张伯苓的故事》，人民出版社，2008年。

◎ 王彦力：《张伯苓与南开天津历史名校个案研究》，南开大学出版社，2015年。

◎ 中共中央文献研究室：《周恩来年谱1898—1949》，中央文献出版社、人民出版社，1997年。

◎《周恩来南开中学岁月》编委会：《周恩来南开中学岁月》，中央文献出版社，2017年。

◎ 薛进文：《周恩来与南开》，南开大学出版社，2011年。

◎ 陈鑫：《严修日记（1876—1894）》，天津古籍出版社，2015年。

◎ 全国政协文史和学习委员会：《何廉回忆录》，中国文史出版社，2012年。

◎（美）司徒雷登、胡适等：《别有中华——张伯苓七十寿诞纪念文集》，南开大学出版社，2019年。

◎ There Is Another China: Essays and Articles for Chang Poling of Nankai, King's Crown Press, Columbia Unibersity, New

York, 1948.

◎ 伊斯雷尔·爱泼斯坦著,贾宗谊译:《人民之战》,新星出版社,2015年。

编导手记

"爱国三问"直击灵魂，
"强国强身"任重道远

本集编导　刘占国

　　《百年巨匠——张伯苓》从接受任务到播出，历时一年多。回顾这段日子，令人印象最深的是在山东的威海刘公岛，在参观了甲午战争纪念馆之后，又去小岛最西面的黄岛炮台，站在"国帜三易"的现场，站在身为北洋水师实习军官张伯苓站过的位置，穿越时空，回到125年前，这里发生的那一系列令国人屈辱的故事。

　　1898年5月23日，在北洋水师威海卫刘公岛基地的这座黄岛炮台前，骄横的日本太阳旗缓缓落下，大清王朝的黄龙旗终于重返威海卫的天空。

　　但是，黄龙旗重新飘扬的时间没能超过24个小时。第二天，大清王朝降下黄龙旗，英国海军在这里升起了英国国旗。

　　腐朽的旗杆下，展陈着几张特殊的照片，它们是当时的英国随军记者拍摄的，记录了在中国的领土上儿戏般上演的"国帜三易"的一幕。

　　站在刘公岛最东面的东泓炮台的巨炮前，我的思绪犹如山崖之下的浪涛，虽然在酷热的夏天没有一丝风的吹拂，但内心却无法平静。就在那样的情景之下，我记录了心中最直观的感受：

"海风怒号，难以吹散战舰悲愤的轰鸣；浪涛澎湃，无法消释折戟沉沙的屈辱。刘公岛是中国人咀嚼耻辱的地方，130年来，它时刻警醒着人们：在中国的这片海域曾经上演的民族悲剧。"

这段话，我把它写在了文稿中，真实抒发了我痛彻肺腑的感受。与纪念馆墙壁上的一段话互相印证："硝烟散尽，故垒犹存。废墟无声，史鉴不泯。"

我们在采访南开大学校史研究室原主任、南开大学张健教授和陈鑫教授时，他们都说："这不是因为北洋水师的官兵作战不英勇，也不是因为北洋水师没有号称亚洲第一的铁甲舰队，那么原因在哪里？"

是啊，原因在哪里呢？我们紧揪着的心在问，当时身在现场的张伯苓也在问。人们或可从中、英两国士兵身体素质的强烈反差，猜测到张伯苓心中的答案。

在采访张伯苓研究会顾问、张伯苓的嫡孙张元龙先生时，我们找到了答案："他就感觉中国主要问题就是'愚、弱、贫、散、私'，我们有五个问题，最重要的是中国人的体质不行。"

就在那一刻，张伯苓"目睹国帜三易，悲愤填胸，深受刺戟！"随后，他面对黄海悲愤的浪涛说出的那句誓言，与我心中即将冲口而出的话完全融合："念国家积弱至此，苟不自强，奚以图存，苓将终身从事教育之救国志愿。"

在天津的一家茶馆，我们也看到了在1898年秋，张伯苓与一位叫严修的探索者在这里喝茶，不期而遇。

张伯苓和严修认为，当时的国人有"愚、弱、贫、散、私"五大病。特别是因受鸦片烟的侵害，体质虚弱而被世界列强称为"东亚病夫"。为此，要改变国人体质，就要从体育教育这个源头上开始。严、张二人的这次相遇，让中国在废除科举、跨入现代教育的长夜呈现出一抹温暖的朝晖。

为了实现这个愿望，张伯苓与忘年交的严修先生达成共识：一起办学校，办以体育为特色的、中国人自己的学校。

他们先后东渡日本，以敌为师，举办南开中学；又在办校十年之际，到西方留学和考察，增开南开大学。此后的几年中，南开女子中学、南开小学也陆续开办。然而，不管是中学还是大学，重视体育始终是南开系列学校的特色。

张伯苓先生并不仅仅在办教育，不仅仅是在南开系列学校推行体育，而且还积极将雅典国际奥运会的理念和模式在国内推广普及。

身处大清王朝末期，这一切变化似乎来得太快，影响力也太大。而这样的影响力在于这所私立学校提出的"强国必先强种，强种必先强身"的办学理念和"允公允能、日新月异"的校训。

采访中，我们了解到，人们将张伯苓先生关于历次奥运演讲的内容凝练为著名的"奥运三问"，即：中国何时能派人参加奥运会？中国何时能在奥运会上夺得冠军？中国何时能够举办奥运会？

这一集片子中，我们主要讲述了张伯苓先生和他的南开系列学校向社会推广体育、奥运的故事，而有些故事没能讲述，但在我心中却是极为深刻。

张伯苓先生给子孙后代留下的家训："私立非私有，留德不留财。"他从来没把私立学校当作自己的私人产业，一切都为国家而立。

还有一段，张伯苓先生的四子张锡祜在抗日前线牺牲，张伯苓独自承受痛失爱子的煎熬，始终没有告诉家人。而当抗战胜利后，看到别人家的孩子回来团聚，夫人问起："我的儿子呢？"张伯苓先生这才沉痛说道："我们的儿子，他为国捐躯了。"夫人听后，冲进卧室大哭一场后，从此不再提及此事。

这段故事没有能够在片中讲述，却在我心中的《百年巨匠——张伯苓》一片中，搁在了首位。我为他们心痛。

不管是毕生致力于教育救国的张伯苓，还是为国浴血奋战的南开籍将士，他们都在用自己的生命回答着"爱国三问"，践行着"允公允能"的南开校训。

走过天津，在每一家带评书表演的茶馆，人们都会听到这样的一段：

"你是中国人吗？你爱中国吗？你愿意中国好吗？"

这三问，被称为"爱国三问"，振聋发聩，直击灵魂。

这影响深远的话到底出自何人之口呢？

他就是中国现代教育巨匠、天津人的骄傲张伯苓！

100多年过去了，在张伯苓等先驱的努力下，随着2008年8月8日晚8点，北京奥运会的隆重开幕，张伯苓先生的"奥运三问"得以完美回答，中国体育运动的昌盛和中国人体质的增强令世人刮目相看。

2008年，国际奥委会主席罗格在北京奥运会举办前夕，盛赞张伯苓先生与现代奥林匹克运动创始人顾拜旦一样令人尊重，张伯苓先生把教育和体育结合在一起有着极为重要的意义。

但是，当今逐渐舒适的生活和不断加重的升学压力，衍生出许多新的社会问题。

片中还有两位嘉宾讲的话，令我寒毛直竖。

一位是南开大学天津校友会联席会长、张伯苓先生的重孙张鉴羸。他说："其实不要看我们个个吃得肥肥胖胖很那什么，但体质上还是依然很孱弱，所以，我们今天在做的事依然是治病，治的还是'愚、弱、贫、散、私'这五病。"

另一位是张伯苓研究会副理事长张重宪先生，他说："我们今天最惧怕的东西，什么呢？就是竞技运动带来的风险。全国所有的学校，所有的校长，所有的老师，都在怕这个东西。如果我们这个心态不改变的话，过去中国人被讥讽为那样的'东亚病夫'，我们今天依然会被别人讥讽为'东亚病夫'。"

这两段讲话我们没有剪辑，但是它却时刻警醒着我们，中国人体质的增强，中国要实现真正的强大，路途仍然很长。

习近平总书记曾经在题为《培养德智体美劳全面发展的社会主义建设者和接班人》的讲话中指出："在体育锻炼上学校也面临很多现实问题，不敢放手开展活动，长此下去怎么行？毛泽东同志说，青少年要文明其精神，野蛮其体魄。要树立健康第一的教育理念，开齐开足体育课，帮助学生在体育锻炼中享受乐趣、增强体质、健全人格、锤炼意志。"

这一段，也让我们对未来充满信心和希望。

图书在版编目（CIP）数据

张伯苓 / 陈宏，曾丹，赵兴明编著. -- 北京：外文出版社，2025. 4. -- （百年巨匠）. -- ISBN 978-7-119-14054-4

Ⅰ. K825.46

中国国家版本馆 CIP 数据核字第 2024LM1867 号

总 策 划：胡开敏　杨京岛
责任编辑：蔡莉莉　马若涵
封面设计：北京夙焉图文设计工作室　子　旃
正文制版：魏　丹
印刷监制：章云天

百年巨匠·张伯苓

陈宏　曾丹　赵兴明　编著

©2025 外文出版社有限责任公司
出 版 人：胡开敏
出版发行：外文出版社有限责任公司
地　　址：北京市西城区百万庄大街 24 号　　邮政编码：100037
网　　址：http://www.flp.com.cn　　电子邮箱：flp@cipg.org.cn
电　　话：008610-68320579（总编室）　　008610-68995875（编辑部）
　　　　　008610-68995852（发行部）　　008610-68996185（投稿电话）
印　　刷：鸿博昊天科技有限公司
经　　销：新华书店 / 外文书店
开　　本：710mm×1000mm　1/16
装　　别：平装
字　　数：200 千
印　　张：16.75
版　　次：2025 年 4 月第 1 版第 1 次印刷
书　　号：ISBN 978-7-119-14054-4
定　　价：58.00 元

版权所有　侵权必究　如有印装问题本社负责调换（电话：68996172）